KB074686

클럽 아레나

클럽 아레나

최나욱 지음

에이도스

차례

들어가며

클럽을 주제로 책을 쓴다고 하니 모두가 웃었다.
연구 대상이 될 수 없다는 이유였다. 분명 클럽은
진지한 논의 대상이기보다는 잠깐 즐기고 마는
장소로 여겨져 왔다. 물론 앞으로도 그럴 것이다.
일탈 문화란 일상생활 반대편에 있어야만 성립하기
때문이다.

　　클럽에 대한 선입견 탓도 크다. 클럽은 법의
테두리 안에 있지만, 밤 문화의 대표 주자로서
규범상 잘못된 것으로 치부되어 왔다. 사람들은
마치 없는 일처럼 그것을 은폐했고 말해선 안 되는
것처럼 터부시했다. 그러나 마냥 모른 척하기에
오늘날 클럽에 모인 사람들은 적지 않다. 주말
새벽이면 도로 몇 개 블록을 메울 만큼 사람들이
클럽 안팎으로 가득하고, 그곳에서 소비되는 자본
또한 웬만한 규모를 넘어선다. 단순히 양적인
이유만으로도 무시할 수 없는 현상인 셈이다.

　　따라서 누군가는 이를 기록할 필요가 있다고
생각했다. 문화란 좋다 나쁘다 같은 가치 판단에
앞서, 한 사회를 이루고 있는 사람들이 살아가며
만드는 행동 양식을 가리키는 개념이기 때문이다.
설령 변질된 욕망이든 일시적인 일탈이든 가치 판단
못지않게 사실 판단은 중요하다.

　　클럽에 응집된 문화 요소도 다양하다.

7

클래식이라고 일컫는 많은 예술 문화가 파티에서 비롯되었듯, 오늘날 가장 대중적인 파티 장소인 클럽은 우리가 사는 이 시대의 문화를 담고 있다. 지금 유행하는 음악과 패션 같은 여러 문화 요소가 클럽을 채운다. 타인에게 잘 보이고자 하는 강한 욕망이 많은 문화적 부산물을 남기는 것이다. 모쪼록 클럽은 외모와 재화라는 세속적 가치가 극대화된 장소로서 지금 시대를 다양하게 증명한다.

나아가 일련의 문화를 통해 현재 한국의 사회상을 비춰 볼 수도 있다. 사회 규범 아래 평소 숨겨야 했던 욕망이 클럽에서만큼은 적나라하게 드러나기 때문이다.

진실은 대개 사람들이 숨기고 감추는 것에 자리하기 마련이다. 클럽에서는 천민자본주의, 외모 지상주의, 여성 혐오 등 모두가 부정하지만, 사회에 만연한 태도가 전면적으로 나타난다. 일상에선 아닌 척, 모른 척하지만, 결국 속 안에 들끓는 욕망이 어떤 종류인지 엿보인다.

많은 클럽 가운데 구태여 '아레나'를 지목한 이유는 이런 맥락에서다. 아레나는 강남의 애프터 클럽으로서 클럽에 대한 부정적인 편견을 가장 극단적으로 지니는 곳인 만큼, 그동안 미처 다뤄지지 못했던 사회적, 문화적 특징을 최대한 보여 줄 수 있다고 생각했다.

못생겼기 때문에 입장을 불허하고, 테이블

가격에 따라 사람을 차별하고, 인사도 하기 전에 스킨십을 하며, 허공에 지폐 더미를 뿌리고 외모를 품평하는 등 '해서는 안 될 일'들이 되레 당연하게 행해지는 문화를 기록하고, 사회와 연관 지어 이 양상들이 우리 일상과 동떨어져 있지 않다는 것을 지적하고 싶었다.

　주말 새벽 클럽에서 광란의 시간을 보내는 사람들도 불과 몇 시간 뒤에는 자신의 일상을 살아가는 평범한 사람들이다.

선정적인 소재인 만큼 최대한 이를 진정해 서술하고자 노력했다. 다양한 일들이 일어나는 작금의 현장이 소재인 만큼 생동감 있는 구체적 서술이 필요하지만, 동시에 인터넷에 떠도는 음담패설처럼 소모적인 이야기가 되지 않기를 바란다. 과한 욕심일 수는 있으나 어쨌거나 이 책의 목표는 아레나를 통해 오늘날의 클럽 문화를 기록하고, 여기에서 벌어지는 행동 양식과 문화 요소를 통하여 '지금, 여기'를 살아가는 사람들의 숨겨진 면모를 이야기해 보는 것이다.

　클럽을 모르는 이들에게는 적당한 설명이 되고, 클럽을 자주 찾는 사람들에게는 어느 정도 공감이 되길 바라며 책 내용을 구성했다.

　우선 1장에서는 클럽의 실체감을 전달하기 위해 아레나의 공간 구조를 살펴본다. 새벽 시간 지하에서

한시적으로 운영되는 클럽은 금세 잊히기 일쑤인데, '아레나'라는 공간의 물리적 요소를 설명함으로써 다루는 대상을 명시하고자 했다.

2장에서는 아레나가 입지한 강남구 논현동 인근의 도시적 맥락을 살피고 다른 클럽과 비교한다. 많고 많은 클럽 가운데 '아레나'를 선정한 까닭과 책의 목적 및 근거를 설명하는 장이 될 것이다.

1장과 2장이 각각 미시·거시적으로 아레나의 물리적 실체를 살피는 내용이라면, 3장은 아레나가 작동하는 시스템을 정리한다. 강남 클럽 대부분이 유사한 시스템을 따르고 있지만, 테이블을 경매 방식으로 입찰하는 비딩(bidding)이나 입장 정책, 때늦은 영업시간 등 많은 시스템이 아레나에서 극대화되어 나타난다.

이어지는 장에서는 아레나에서 관찰한 구체적 사례를 살핀다. 4장은 아레나의 분위기를 형성하는 여러 문화 요소를 다룬다. 타인에게 잘 보이고자 하는 욕망에 기반하여 형성된 현대인의 문화 형태를 전반적으로 서술한다.

5장은 아레나에 존재하는 여러 사람을 유형화해 설명한다. 기본적으로는 직원이나 손님 같은 실질적인 범주로 나누었지만, 나아가 그것을 바탕으로 생겨나는 인격적 특성을 이야기하고자 했다.

6장은 아레나를 매개로 일어나는 여러

이야기를 다룬다. 아레나에서 벌어지는 사람들 간의 에피소드는 사회적인 선입견과 관계하며 더욱 폭넓은 내용으로 확장될 수 있을 것이다.

01

공간 구조

파사드

건물의 입면인 '파사드(façade)'는 더러 건물의
얼굴이라고 불린다. 사람 얼굴을 마음의 창이라고
말하듯, 파사드는 건물의 내부와 건축 의도를 표현해
주는 건축 요소다.

그런데 그토록 왁자지껄한 클럽 아레나의
파사드는 찾아보기가 어렵다. 법규 문제로 인해
지하에 입지하고 있다지만 지나칠 정도로 지상에는
표식이 부재한다. 있는 거라곤 단지 사람 두어 명
지나갈 수 있는 좁다란 문이 전부이고, 그마저도
건물 외벽보다 3미터는 안으로 물러서 있어 일부러
찾아야 겨우 보이는 정도다.

따라서 아레나의 외관을 통해 내부 프로그램을
짐작하는 건 물론이고, 그 안에 설마 어떤 공간이
있을 거라는 상상조차 어렵다. 여느 상업 시설처럼
옥외 광고를 통해 우연히 찾아오는 건 아예 불가능한
셈이다.

파사드가 없으니 거리에서 클럽 아레나를
유추하기란 쉽지 않다. 아레나가 영업하지 않는
시간이라면, 이 건물은 어떤 눈길도 받지 않고
우두커니 있을 따름이다. 클럽의 존재를 알고
기대하는 이들에게는 생경한 침묵이다. 한때는 어느
장소보다 요란하지만, 열두 시간만 지나면 아무 일도
없었다는 듯 조용해지는 온도차가 극심하다.

설마 여기에서 그런 일이?

건물은 아무 일도 없다는 양 제 정보를 감추고 있다. 운영 시간이 다른 일상 시간과 겹치는 밤 10시와 아침 10시 무렵은 한층 더 기이한 모습이다. 이제 회식을 마치고 귀가하는 이들과 지금부터 놀러 가는 사람들이 같은 거리에 모이고, 이제 출근하는 사람들과 가까스로 클럽에서 나온 사람들이 서로를 지나쳐간다. 극단적으로 대조되는 생활상이 겹치는 광경이 기묘하기 그지없다.

건물은 아무것도 말하지 않지만, 건물 안팎의 사람들은 수많은 풍경을 만들고 있다.

아레나에서 파사드는 건축 요소가 아닌 일련의 사람들인 모양이다. 운영 시간 때면 건물 주위를 빼곡히 메우고 있는 사람들이 그 자체로 옥외 광고판이 된다. 아레나가 개장하면 택시와 대리주차를 기다리는 외제차가 줄지어 늘어서고, 클럽을 찾아온 사람들이 그곳을 동시에 광고한다. 무슨 옷을 입고 노는지, 좀 전에 만난 남녀가 어떤 관계가 되었는지 등과 같은 정보를 금세 알아볼 수 있다.

이러한 행렬은 클럽 측에서 일부러 꾸미는 일이기도 하다. 가드는 사람이 안에 가득 차지 않았을 때조차 입장을 느릿느릿 받으며 클럽 앞에 일부러 줄을 세운다. '이만큼 많은 사람들이 들어오고자 한다'는 사실을 길가에 퍼뜨리기

클럽 아레나

위해서다.

과연 한적한 새벽 강남대로 어귀에서 이만큼 눈에 띄는 건물 파사드가 또 있을까? 몇 시간 동안 길게 늘어선 줄과 앞에 진을 치고 있는 사람들의 모습은 어느 무엇보다 구체적이고 적나라한 입면이 된다.

현대 건축가 베르나르 추미(Bernard Tschumi)는 '이벤트 건축'이라는 개념을 제시한 바 있다. 여태껏 건축은 건물 표현 요소만으로 분석됐는데, 현대 건축을 결정짓는 건 무엇보다 사람들의 활동이라는 주장이다. 사람들이 한가득 모여 요란한 공간이었다가 그들이 떠나가는 즉시 아무것도 아니게 되는 공허한 공간이 되는 클럽이야말로 이러한 현대 건축의 특성을 여실히 보여 준다.

감정과 욕망 일색인 장소에서 중요한 건 지형학적 공간이 아니라 수행적 공간이다. 즉 아레나에서 중요한 건 공간이 아니라 그것을 채우는 공간성이다. 아레나는 까맣게 비어 있는 지하 공간일 뿐이지만 술이나 조명, 음악과 같은 가변적인 소품을 통해 공간에 성질을 부여하고, 그것에 기초하여 사람들이 공간을 메우고 체험함으로써 최종적인 공간성을 형성한다.

'클럽'이라는 현대에 생겨난 공간을 정적인 건축 공간으로 바라보기보다 베르나르 추미 같은

현대 건축가나 무대 공간의 '공간성'에 집중한 몇몇
연출가들, 그리고 오늘날 공간 개념이 근본적으로
변화했음을 지적한 마르쿠스 슈뢰르(Markus
Schroer) 같은 사회학자의 시선으로 다가갈 수밖에
없는 이유다.

　　한편 물리적인 건물 요소가 아무것도 드러내지
않는다는 사실은 도리어 이곳의 성격을 알려 주는
단서가 되기도 한다. 건축적으로 아레나의 파사드는
다음과 같이 말하고 있다.

　　아는 사람은 아는 대로 찾아오지만, 모르는
사람은 모르는 대로 지나가라고.

　　일반적인 상업 시설이 옥외 광고를 적극적으로
이용해 우연한 손님을 기다리는 것과는 정반대다.
아무래도 공식적인 광고로 설명하기에는 마땅하지
않은 내용이 클럽에 존재하기 때문이다. 예컨대
함께 줄을 서더라도 '저희와 스타일이 맞지 않는 것
같다'는 입장 거부가 실제를 숨긴 완곡어법인 것처럼
말이다.

　　신분증과 입장료 2만 원이라는 표면적인 입장
조건 외의 실질적인 조건을 알아야 하고, 클럽에
갈 때 으레 하는 변명인 '음악 들으러 왔다'거나 '술
마시러 왔다'가 숨기고 있는 클럽 내 '광(狂)질'을
알고 있어야 당황하지 않을 수 있다. 그래서
대부분의 사람들은 방문하기 전부터 내부 분위기를
인지하고 있으며, 어떻게 입장해야 하는지를 미리

준비하곤 한다. 심지어 내한한 외국 가수의 애프터
파티처럼 영업 일이 아닌 날 기습적으로 개장할
때조차 사람이 모이는 걸 보면, 이곳은 철저히 내부
정보가 우선한다는 점을 알 수 있다. 이를 모르는
사람들은 완벽한 외부자로서 이 집단이 어떻게
모였는지 마냥 의아해하고 내부 풍경을 막연히
추측할 따름이다.

실내 공간

클럽 공간이 건축적으로 진지하게 다뤄지는 일은
드물다.

유흥 산업 자체가 흥망성쇠가 빠른 프로그램인
데다 법적인 이유로 인해 부지 선정과 공간 물색에
한계가 있고, 건축 작업 또한 비공식적으로 이뤄지는
게 부지기수이기 때문이다.

얼마 전 독일 비트라 디자인 뮤지엄(Vitra
Design Museum)의 클럽 공간을 조망하는 전시
〈나이트 피버(Night Fever: Designing Club Culture
1960~Today)〉(2017년 3월~2018년 9월)에서 보여
준 것도 그러했다. 이 전시는 클럽 공간의 비공식적
성격을 문제의식으로 삼아 역사 속 클럽들을
건축적으로 다뤄 보고자 했는데, 결론적으로 '건축적
아이디어' 같은 공식적인 요소에 치우친 나머지
'클럽 공간'의 실질적인 요소를 설명하는 데는
실패했다.

유명 디자이너가 설계한 좋은 공간이라는 것과
사람들이 즐겨 찾는 클럽이 되는 것은 기대와 달리
별다른 상관관계가 없다. 클럽을 문화 시설화하고자
했던 해외뿐 아니라 국내에서도 이러한 사례를
찾아볼 수 있다. 최근 사례로는 2018년 9월에
개장한 '클럽 크로마'가 대표적이다. 세계적인
건축가 MVRDV가 크로마의 외부 설계를 맡았는데,

이 사실은 기껏해야 공식적인 파티에서나 중요할 따름이다. 때로 어떤 이들은 크로마를 찾아 '클럽 디자인'이라는 소재를 '힙'하게 이야기하기도 하는데, 이는 결국 '노는 것'에 방점이 찍혀 있지 않고 '디자인'과 같은 공식적인 사항을 경유해 '노는 척'을 하는 것에 머무를 뿐이다.

물론 클럽 크로마가 서울이 아닌 인천에 위치한다는 탓도 무시할 수 없다. 이러한 지리적 요건은 기분 따라 그날그날 노는 사람들을 유인하지 못하고, 관광객 같은 계획적인 방문객만 유치할 수 있기 때문이다. 그렇다면 강남에 위치해 있는 '클럽 옥타곤'의 예를 들어볼 수 있다. 보통 클럽 직원끼리 알음알음 공간을 구성하는 여타 클럽과 달리 옥타곤의 설계는 얼반테이너라는 건축회사가 담당했는데, 이 역시도 디자인적인 차별성은 매체에서나 다뤄질 뿐 실제 사람들에게 큰 영향을 주지 못했다. 2장의 '강남의 다른 클럽들'에서도 살펴보겠지만, 그러한 공식적인 요소가 영향을 줄 수 있는 대상은 해외 관광객, 뒤풀이하는 회사원 정도일 따름이다. 궁극적으로 클럽이라는 유흥 공간에서 가장 중요한 요소인 '수량'이나 '수질'은 우리가 공식적으로 이야기하거나 계획할 수 없는 것으로부터 영향 받는 탓이다.

아레나야말로 그것을 대표적으로 증명하는 클럽이기도 하다. 아레나는 낙후된 시설을 갖추고 있음에도 불구하고 수많은 사람을 불러 모으고 있다.
우리는 공식적인 건축 언어로 설명할 수 없는 다른
요소를 아레나로부터 찾아볼 수 있을 것이다.

클럽 아레나 내부는 크게 두 영역으로 나뉜다.
　　　나오는 음악에 따라 힙합존과 일렉트로닉
뮤직존으로 나뉘는데, 보통 '힙존'과 '일렉존'이라고
줄여 부른다. 개업 초기에는 EDM 열풍으로
생겨난 여느 클럽과 마찬가지로 지하 2층 일렉존이
전부였다. 그러나 2015년경 힙합이 유행하기
시작하면서 보관함과 룸이 있던 지하 1층을
힙존으로 개조했다. 힙합 수요가 높아짐에 따라 힙존
규모를 몇 차례 개보수하며 확장했으나 기본적으로
일렉존이 층고가 높고 보다 널찍한 이유는 이
때문이다. 강남권 클럽 대부분이 일렉존을 우선으로
하기도 한다. 아무래도 큰 매출을 올려 주는 30대
손님들에게는 여전히 힙합보다 일렉트로닉 음악이
친숙하고, 그들이 우선순위인 업장 측은 언제나 메인
공간을 일렉존으로 배치한다.
　　　아레나 실내의 특징이 있다면 비좁은 너비다.
　　　'좁고 불편하다'는 불평불만은 아레나 개장 이후
매일같이 들려왔다. 사람이 많으니 좁다고 말할 수도
있겠지만 여타 클럽과 비교했을 때 아레나의 전체
면적은 지나치게 작은 게 사실이다. 또 다른 오래된
클럽인 옥타곤, 최근에 생긴 버닝썬의 한 층 면적이

부수시설을 제외하고도 700제곱미터(약 211평)를 상회하는데, 아레나는 직원 휴게실이나 경리실, 계단실 모두를 합해도 한 층 면적이 560제곱미터(약 170평)에도 미치지 못한다.

사람이 많은 문제는 차치하고라도 공간 자체가 협소하다. 일반적으로 생각하기에 놀기에는 불편한 공간이다. 어쩌면 아레나의 엄격한 입장 제한 또한 업장 넓이라는 실질적인 이유에 기인하는지도 모른다.

그러나 협소한 공간이 마냥 단점으로 작용하는 건 아닌 듯하다. 오히려 업장 측에서 게스트를 수없이 부르고, 테이블 배치를 비롯한 세부적인 공간 구성마저 편리함과 거리가 멀게 계획하고 있으니 의도적으로 보이기까지 한다.

일반적으로 넓은 공간을 요구하는 스테이지는 디제이 부스 앞에 형식적으로 자그맣게 마련해 두었고, 지나가는 통로는 다닥다닥 붙어있는 테이블 사이로 고작 80센티미터 남짓한 너비로 설계되어 있다. 사람들은 어깨너비보다 조금 넓은 통로를 지나가기 위해 몸을 부대끼기 일쑤다. 일차적으로 공간 최초 면적이 좁았겠지만, 궁극적으로는 업장에서 좁다란 공간 배치를 의도적으로 계획한 결과다.

소비문화 연구자 팀 데이비스(Tim R. V. Davis)는 "매장 내 물리적 환경이 주는 효과(1984)"에서 물리적 환경에는 비단 물리적 구조 이외에도, 물리적 자극, 상징적 자극이 포함된다고 말한 바 있다. 여기에 클럽 아레나를 대입해 보면 다음과 같을 것이다. 아레나는 좁고 불편한 물리적 구조에 기반하여, 사람들끼리의 직접적인 접촉을 통해 물리적 자극을 만들었으며, 클럽이라는 장소 이미지를 통해 상징적 자극을 획득하고 있다.

면적이 좁아서 누리는 첫 번째 효과는 공간이 꽉 차 보인다는 사실이다. 비좁다는 단점을 돌려 말한 것에 다르지 않은 것 같지만, 비좁은 걸 알면서도 사람들이 이곳을 찾는다는 사실을 견지했을 때 이와 같은 관점의 전환은 클럽 공간을 바라보는 데 굉장히 중요하다. 클럽이란 마냥 사람들이 술 마시고 춤을 추는 곳이 아니라, 불편함을 감수하고 다른 사람과 부대끼는 목적이 먼저라는 사실을 일러 주기 때문이다.

더불어 공간이 가득 차면 찰수록 '너도 노니 나도 논다'는 군중 심리 역시 쉽게 발동한다. 바로 옆 남녀가 부대끼니 경쟁적으로 질척대고, 다들 센 척, 예쁜 척에 취해 있으니 그에 지지 않으려고 자신 또한 오만 척을 한다.

개인적으로 놀러 온 게 아니라 타인을 의식하고 만나는 게 목적인 클럽에서는 인원수를 뜻하는 이른바 '수량'이란 중요한 미덕이다.

수량은 금세 '수질'에도 직결된다. 수질이란

클럽을 채운 사람들의 외적인 모습에 차등을 매긴
단어로, 사람들이 원하는 장소의 '퀄리티'가 무엇을
요구하는지를 말해 준다. 사람들이 많이 모일수록
인원을 선별해 입장시켜야 하고, 이 경쟁률에 따라
클럽의 수질은 높아질 수 있다. 그렇게 높아진
수질은 금세 입소문이 나 더 많은 수량을 불러오기도
한다. 아레나가 '물이 좋다'는 이미지를 가지게 된
배경이다.

　　수량과 수질을 제어하려는 노력은 아레나
업장 전략에서 줄곧 찾아볼 수 있다. 사람들이 좁은
공간 탓을 하는 게 무색하게도 아레나는 일부러
예쁜 여자와 잘생긴 남자들을 돈을 주면서까지
초대하곤 했다. 그러잖아도 좁은 공간을 '물 좋게'
채워둠으로써 얼마 남지 않은 공간에 들어서기
위한 사람들을 줄 세우는 전략이다. 일반적으로는
많은 사람을 입장시키는 게 합리적인 계산처럼
보이지만, 아레나는 사람들의 욕망을 간파해 그것을
고취함으로써 더 많이 오고 싶게 하고, 더 많은 돈을
쓰게 한다.

두 번째 효과는 특정 게스트들에게 해당한다. 클럽
이용은 크게 고정된 좌석 없이 서서 즐기는 스탠딩
게스트와 자리를 예약한 테이블 게스트로 나뉘는데,
좁은 공간은 상대적으로 넓은 공간을 누리는 테이블
게스트에게 특히 이점을 준다. 비좁은 통로에서

스탠딩 게스트들이 몸싸움하는 동안, 테이블 게스트들은 상대적으로 널찍한 공간을 만끽할 수가 있다. 그들이 예약한 테이블은 통로 바로 옆에 바짝 붙어 있기 때문에, 지나가는 이성을 자연스럽게 붙잡아 올릴 수 있다. 구태여 거리를 두고 말을 걸거나 설명하지 않아도 공간적인 이유에서 테이블 게스트는 스탠딩 게스트를 곧장 데려오는 게 손쉽고 당연할 정도다. 썩 쾌적하지 않은 공간임에도 테이블 입찰가가 계속해서 높아지는 사실은 이 때문이다.

좁은 면적 안에서 사람들의 신분 구도가 공간적으로 드러나다 보니, 비싼 돈을 주고 테이블을 예약하고 싶어질 수밖에 없다. 테이블 게스트들은 이 이점을 이용해 더 많은 이성을 끌어올리고 스탠딩 게스트들을 무시하기 일쑤다.

돈으로 엄격히 구분된 자리는 한 공간에 모여 있는 사람들의 욕망을 부추긴다. 돈을 냈으니 마음대로 해도 된다는 천민자본주의가 발동하고, 자리 없이 돌아다니는 스탠딩 게스트들을 무턱대고 건들고 만지는 인간 사물화가 진행된다.

아레나가 '핫하다'며 여러 행사들이 이곳을 모방했지만 큰 결실을 거두지 못한 이유는 이러한 일련의 성질을 고려하지 않았기 때문이다. 일례로 〈서울패션위크 2018 F/W〉에서 한 브랜드의 런웨이가 그런 문제를 가감 없이 보여 줬다. 이 브랜드는 아레나를 런웨이 공간으로

섭외했으나 내부 성질은 고려하지 않은 까닭에
일반 런웨이와 다르지 않은 밋밋한 모습에 그치고
말았다. 본질적으로 이벤트 공간인 클럽 아레나를
정의하는 건, 건축 공간이나 '아레나'라는 타이틀
혹은 장소성이 아니라, 그곳을 채우는 사람들과
분위기이다. 그러나 쇼 기획자는 이를 고려하지
못했던 것이다.

많은 사람의 움직임이 일어나는 장소로서,
아레나를 차용하고자 했다면 공간을 넘어서 사람들
간의 관계, 그리고 움직임과 욕망 사이의 관계에
잇따른 공간성을 고려해야 마땅했다. 누군가의
말처럼 공간성이란 그것이 일어나는 공간과
동일하지 않기 때문이다.

아레나가 성공을 오래 이어가자 그 이름을
가지고 '이러나저러나 아레나' 등과 같은 말장난이
퍼지곤 하지만, 과연 유흥 문화에 있어 브랜드
충성심이란 가당키나 할까. 유흥 문화에서 사람들은
조금이라도 기대에 부합하지 않으면 즉각적으로
발걸음을 돌린다.

조명

건축적으로 클럽 실내는 사뭇 단출하다. 사람이 차야 비로소 완성되는 공간이기에, 건축 공간이 변화무쌍할 여지는 적다. 여기서 유효하게 사용되는 게 조명이다. 빛은 부피감이 전혀 없기 때문에 사람에게 방해가 되지 않고, 동시에 색으로서 공간을 가득 메울 수 있는 성질을 지닌다.

테이블, 바, 스테이지와 같은 실제 건축 요소가 공간의 경계를 나누는 기능을 한다면, 클럽 전체를 메우는 조명은 다시 경계를 모호하게 만들어 그곳의 '분위기' 형성에 강한 영향을 끼친다. 자연광이 완전히 차단된 클럽 안에서 조명 디자인이 중요한 이유다.

빛을 산란, 확산시키는 게 클럽 조명의 출발이었다면, 최근의 흐름은 조명의 시시각각을 디자인하는 수준에 이르렀다. 사람들의 분위기를 살펴 음악을 트는 DJ(Disk Jockey)와 마찬가지로, 음악과 분위기에 맞춰 조명을 트는 LJ(Light Jockey)가 클럽에서 활동한다. 과거에는 미러볼을 이용해 조명에 무작위성(randomness)을 부여하는 정도에 그쳤으나, 지금은 레이저나 전광판 등 다양한 방식으로 조명을 조절한다. 클럽 규모가 큰 강남 일대에서는 화려한 조명 설정이 보편화되었다.

그런데 아레나에서 조명은 크게 손이 가지 않는

요소처럼 보인다. 우선 메인 조명으로 일렉존은 파란색, 힙합존은 빨간색을 설정해 두었는데, 두 기본 조명은 클럽이 열고 닫을 때까지 거의 달라지지 않는다. 색온도가 아주 낮은 빨간색과 아주 높은 파란색이라는 극단적인 조명을 유지한 채, 기껏해야 조도를 낮춰 어둡게 하는 게 고작이다. 단순한 이유에서다. 3장의 '운영 시간'과 4장의 '음악'에서도 살펴보겠지만, 아레나는 딱히 기승전결을 계산하지 않기 때문이다. 소위 말해 계속 '터지는' 분위기를 연출하기 위해, 아레나는 음악과 조명을 포함한 모든 장치를 그들이 생각하기에 가장 센 무드로 유지한다.

공간 연출에서 큰 변화를 주지 않는 건 다른 효과도 가져온다. 가뜩이나 늦게 노는 클럽에서는 시간 경과에 초조해지기 마련인데, 최대한 같은 분위기로 변화를 못 느끼게 함으로써 이에 대한 신경을 덜어 주는 것이다. 도무지 끝날 기미가 보이지 않는 음악과 조명으로 인해, 사람들은 클럽에서 노는 마음을 계속해서 유지할 수 있다.

사실상 아레나는 좋은 공간, 좋은 조명, 좋은 음향과는 애당초 거리가 먼 클럽이라고 봐도 무방하다. 다만 더 과격하고, 오랫동안 놀 수 있는 환경을 조성할 따름이다. 정신 놓고 노는 '광질' 문화란 결국 섬세함이 아니라 과격함에서 오기 때문이다.

시각적 역동성은 또 다른 곳에서 찾을 수 있다. 공간 조명 외 다른 소품에 부착된 조명은 부수적인 발광 효과를 가진다.

테이블 게스트들에게 나누어 주는 '야광봉'이 대표적이다. 사람들은 흰색 빛을 발하는 와이어가 들어 있는 스펀지 봉을 손에 들고 흔들거나 어두운 테이블 위에 올려 둔다. 빛 세기를 조금 낮추기 위해 스펀지 봉을 뜯어 안에 있는 와이어만 따로 빼 두는 경우도 있다. 얼굴을 보고, 보이기 위해 조명은 필수적이지만 너무 강한 조명은 얼굴을 적나라하게 보일뿐더러 기밀한 행동을 방해하기 때문이다. 테이블 바로 위에 있는 조명에 티슈를 말아 덮음으로써 자체적으로 조명을 조절하는 것도 같은 이유에서다.

LED 계열 조명 중에서 유독 돋보이는 소품은 전광판이다. 이는 아레나의 라이벌처럼 부상한 클럽 버닝썬에서 먼저 시도한 것이다. 아레나는 공간이 여의치 않았음에도 버닝썬을 따라 설치했다. 이 전광판으로 인해 매상 차이가 크게 벌어졌기 때문이다.

전광판 패널은 고액 주문을 한 사람들이 메모를 적는 용도였는데, 400~500만 원 정도를 주문했을 때 메모를 할 수 있게 해 전광판은 매상을 올리는 효과적인 도구였다. 사람들은 전광판에 일행들의 친목을 광고하거나 자기가 최고라는 등의 과시적인 자랑 글을 남긴다. 대단히 사적인 내용이지만 술을 시키고 좋은 테이블을 잡는 것도 결국 자기 과시, 인정 투쟁의 종류인 만큼, 글자를 남길 수 있는 전광판은 효과적인 도구로 기능했다.

전광판을 설치할 때에도 클럽 버닝썬을 따라 한다거나 아레나의 분위기가 사라진다는 비판이 없지 않았지만, 사람들이 과시하기 좋은 환경을 만들어야 매상이 올라가는 만큼 아레나의 전광판 설치는 어쩔 수 없는 선택이었을 것이다. 디제이 부스 위에는 테이블을 가리지 않는 크기로 전광판이 설치되어 있다. 비록 일찌감치 계획되지 않은 탓에 패널의 비율이 조금 이상하긴 하지만, 그럼에도 전광판에 메모를 남기기 위해 돈을 쓰는 부류가 적지 않다. 이들은 오직 '술을 샀다'는 사실을 말하기 위해 술을 산다.

앞서 언급한 조명들은 모두 LED로 유사한 색온도를 띤다. 그런데 아레나에서 가장 눈에 띄는 조명은 다른 종류다. 다름 아닌 주문한 술을 서빙할 때 술병에 부착한 불꽃이다. 주변으로 불꽃이 튀기지 않는 분수형 폭죽은 전혀 다른 색온도로 주변을 환하게 비춘다. 어두운 LED 조명 사이로 환하게 비추는 불꽃은 일시적이지만 눈에 띄게 밝다. 불을 밝히고 25초 정도 발화하는 불꽃은 테이블로 술을 서빙 하는 동안 가장 강력한 스포트라이트가 된다. 어두운 조명에 제 얼굴을 숨기고 있는 사람들에게 다소 곤혹스러울 수도 있겠지만, 불꽃은 술을 시킨 누군가를 부각하며 클럽의 분위기를 한층 열띠게 하는 요소로 작용한다. 불꽃이 갖는 강한 주목성을 누리고자 일부 손님 가운데는 먹지도 않는 술을 계속 시켜 기다란 불꽃 행렬을 만들기도 한다.

수십 개의 술병에 불꽃을 꽂아 지나가는 모습을 술 이름을 본떠 '아르망디 열차' '돔페리뇽 열차'라고 부른다. 때로 불꽃이 꺼질 만하면 연달아 술을 시켜 '불바다'를 만들기도 한다. 클럽의 어두컴컴한 기본 조명을 위협하고 방해하지만, '돈 자랑'에 경도된 사람들에게 이는 괜찮은 볼거리가 된다. 이때면 사람들은 잠시 노는 걸 멈추고 행렬을 바라보며 핸드폰 사진을 찍는다. 더불어 고가의 술은 불꽃 그리고 LED 명판과 함께 나온다. LED 명판에는 고액 주종 이름이 적혀 있는데 때로 알파벳을 조합해 'VIP'라는 단어를 만들거나 혹은 주문자 이름이나 별명을 주문하는 때도 있다. 쉬쉬하며 클럽 안에서만 잠깐 놀 뿐이라지만, 그 와중에도 자기 존재를 주변에 알리고 자랑하고 싶어 한다.

테이블

테이블은 단순 실내 가구 이상의 의미를 갖는다. 무엇보다 테이블은 예약한 사람들만 오갈 수 있다는 배타성의 은유이기 때문이다. 테이블은 아레나에서 남다른 특징을 갖게 되었다. 테이블과 스탠딩 간격을 가까이 한 비좁은 실내 배치와 거품 낀 것 같은 어마어마한 비딩 문화를 만듦으로써 아레나는 '자리'의 중요성을 고취해 왔다. 그동안 클럽에서 자리를 예약하는 금액은 고정적이었으나 '비딩'이라는 경매 시스템의 도입은 자리 가격을 경쟁적으로 상승시켰기 때문이다. 표면적인 명목은 술값이지만, 사실 사람들은 '더 좋은 자리'를 차지하기 위해 수백만 원이 넘는 자릿세를 지불한다.

남녀 스탠딩 게스트들이 각자를 동적 자산(movable estate)으로 치장하듯, 아레나에서의 테이블이란 마치 부동산(real estate)과 다름없는 것이다. 수백, 수천만 원을 호가하는 자릿세가 여기 1평짜리 공간에 대한 임대료다.

물론 세계적인 유흥 클럽이 즐비한 이비자(Ibiza Island)나 뉴욕(New York)에서 이 이상의 비용이야 쉽게 찾을 수 있다. 이벤트 공간에서 이만한 서비스 비용이야 무궁무진하기 때문이다. 하지만 전 세계 도처의 수많은 클럽 가운데 강남 클럽의 자리 문화는 독특한 특징을 가지고 있다. 십수 년 전

나이트클럽이 부킹을 개시한 이후로 일대 클럽에서의 '자리'란 욕망의 여러 특징을 대변하고 있는 것이다. 자리 잡은 손님에게 직원이 나서서 이성을 짝짓기시켜 주는 일은 한국의 독자적인 발명품이다.

시대에 따라 욕망의 성격도 달라지듯 '자리' 또한 물리적으로 많은 변화를 거쳐 왔다. 초창기에는 룸을 만들어 스테이지와 테이블 자리를 완전히 구획했던 반면, 이후에는 막힌 벽을 없애고 멀찌감치 테이블을 놔두었으며, 지금은 스탠딩 게스트 아주 가까이에 테이블을 설치하고 있다. '자리'라고 통칭하는 클럽에서의 부동산이 변화해 온 과정은 사람들의 욕망이 천편일률적이지 않음을 보여 준다. 비싼 돈을 주고 자리를 잡는 건 매한가지이지만 그 안에서 사람들이 원하고 바라는 건 계속해서 달라졌다. 테이블은 그것을 증명하는 물리적 구현물이다.

오늘날 추가된 욕망이 있다면 아마 현대인에게 더욱 강화된 특징으로 꼽히는 '관심받고자 하는 욕망'일 것이다. 테이블 게스트들은 편히 의자에 앉아서 노는 게 아니라, 굳이 탁자에 올라가 춤을 추고 '폼'을 잡으며 타인의 시선을 의식한다. 과거에는 룸 안에 들어가 자리를 잡지 않은 사람들과 독립되는 게 중요했는데, 정반대로 오늘날 테이블에서는 모든 이와 뒤섞여 자신을 뽐내는 게 중요해졌다.

테이블 게스트에게 이끌려 올라가는 스탠딩 게스트들도 비슷한 속내를 지닌다. 남녀가 어울리는 모습은 상호 간의 호감을 전제한 것 같지만, 어떤 경우에는 상대가 설령 마음에 들지 않더라도 일부러 테이블에 올라가 다른 스탠딩 게스트를 내려다보는 걸 즐기기도 한다. 보통 테이블은 남성이 잡고 여성은 스탠딩 게스트로 입장하는데, 좋은 테이블을 예약할 수 있는 남성의 재력이 다른 능력치보다 한껏 우대되는 이유다. 많은 사람이 고액 테이블이라는 이유만으로 거기에 올라가길 원하고, 자신이 그 부동산을 점유하고 있다는 사실에 만족해하며 자랑한다. 좁다란 테이블 위에 올라서서 방방 뛰며, 주변 사람들을 두리번거리는 모습에서 다양한 욕망이 엿보인다.

테이블 배치 또한 이 욕망과 연관성을 지닌다. 테이블과 통로 사이 간격이 바짝 붙어있어, 고액 게스트와 무료로 입장한 게스트가 서로를 바로 옆에서 마주하게 된다. 이로써 테이블 게스트들의 과시하고 싶은 욕구, 스탠딩 게스트들의 선망하는 심리를 자극하는 효과가 극대화된다. 결과적으로 이러한 자리 구조는 단지 당장 놀 상대방을 찾고 끝나는 욕망이 아니라, 또 다른 누군가의 시선을 계속 의식해 잘 보이려는 욕망을 반영한다. 돈 덜

낸 사람과 돈 많이 낸 사람들을 철저히 구분하고 배타화하던 과거와는 전혀 다른 자기 과시 방식이 두드러진다.

아레나의 테이블은 인스타그램의 '돋보기' 피드를 물리적으로 구현한 것처럼 보인다. 돋보기 피드란 자신이 팔로우하지 않는 타인의 게시물이 랜덤으로 노출되는 기능인데 오늘날 유행하는 SNS 플랫폼인 인스타그램에서 이 기능은 사뭇 중요하다. 실제 지인이나 함께 아는 친구가 중요했던 페이스북과 달리 인스타그램은 불특정 다수를 상대로 자기 이미지를 공유하고, 모르는 타인의 이미지를 찾아보고 발견하는 일을 중시하기 때문이다.

사람들은 만날 일 없는 사람들의 시선을 의식하며 피드를 꾸미고, 실상과 무관한 팔로워 숫자를 중시한다. 이렇듯 '좋아요'와 팔로워 숫자가 많은 프로필을 좋게 평가하는 건 클럽에서 높은 비딩 테이블을 우호적으로 대하는 것과 별반 다르지 않다. '돋보기'를 통해 자신과 전혀 무관한 일명 셀러브리티들을 바라보고 의식하게 된 것도 마찬가지다.

인스타그램 채널을 통해 주변 세계에선 상상조차 하지 못했던 미남미녀, 부자들이 핸드폰 손안에 바로 나타났듯, 클럽의 고액 게스트들이 스탠딩 옆 테이블로 나서고 있다. 어디에서나

과시와 관찰이 보편화되었고, 아레나라는 오프라인 공간에서 그러한 욕망이 발현된다. 테이블 게스트를 비롯한 아레나 내 사람들의 '에고 트립(ego trip)'은 이어지는 4장에서 좀 더 자세히 다루기로 하자.

　　모쪼록 유흥 공간은 사회 경제적 신분을 물리적 공간으로 구현하고 있다. 우리가 머무는 '집'이 단순 재화 혹은 생활하는 공간을 넘어 상징 자본이 된 것과 같은 이치다. 스테인리스 테이블과 의자, 그리고 1평 남짓한 공간은 모든 자리에 공통되지만, 각자의 위치에 따라 수십 수백만 원의 가격 차이가 있다.

　　도시 공간을 부동산 관점에서 바라본 다핵심 이론을 적용해도 적절하다. 중앙 업무 지대인 디제이 박스 바로 근처 테이블은 비딩이 저렴하다. 스테이지에 붙박여 있는 이들 때문에 통행량이 적고, 얼굴 또한 많이 팔리기 때문이다. 그래서 고액 테이블은 그로부터 약간 떨어져, 출입구와 스테이지, 화장실을 오가는 유동 인구가 많은 구역에 위치한다. 메인테이블로 꼽히는 힙존의 G6과 G7, 최근에 생긴 G17, G18, 일렉존의 3, 4와 19, 20의 위치는 그렇게 분석할 수 있다. 디제이 박스와 스테이지에 우두커니 몰려 있는 스탠딩 게스트와 거리를 두고, 지나가는 사람을 끊임없이 섭외하는 위치다. 테이블에서 노는 사람들의 모습 역시 4장에서 살펴본다.

힙존(위)과 일렉존(아래) 테이블 배치도

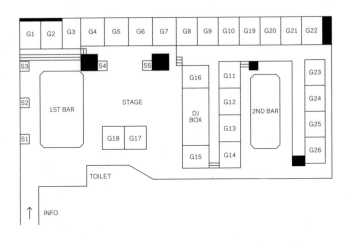

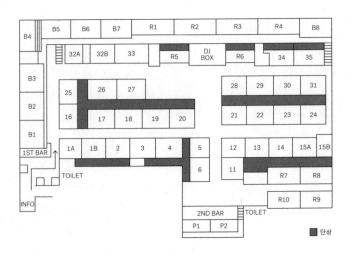

클럽 아레나

02

도시적 맥락

강남 클럽의 연원

앞장에서 아레나의 공간을 설명하면서 기본적인
정보를 살펴보았다면, 2장은 아레나의 도시적
맥락을 살피는 동시에 서울 내 다른 클럽과
비교한다. 이를 통해 많고 많은 클럽 가운데
'아레나'를 참조 대상으로 선정한 이유 또한 말할 수
있을 것이다.

아레나보다 더 성공했던 클럽이 없지 않음에도
불구하고, 그리고 아레나가 홍대와 이태원이라는
또 다른 서울 내 클럽 신(scene)이 향유하는 문화를
포용하지 못함에도 불구하고 왜 강남의 애프터
클럽인 아레나인가? 과연 클럽의 여러 가지 특징
가운데 아레나는 무엇을 대표하고 있는가?

홍대와 이태원을 고려하지 않은 까닭은
간단하다.

거칠게 말하자면 강남 클럽이 제일 퇴폐적이고
문란하게 여겨지기 때문이다. 홍대와 이태원 클럽은
일련의 유흥을 하나의 '문화'로 양지화 하려는
노력을 기울이는 반면, 강남은 관광 클럽이 된
옥타곤을 제외하고는 일체 그러한 노력을 하지 않고
있다.

겉모습을 입장 기준으로 삼고, 돈이 많으면
대접해 주는 것을 당연시하는 게 강남의 클럽
문화다. 헐벗은 여자 무리가 술을 내다 주는

행렬이나 비싼 테이블 위에서 인형 뽑기 하듯
이성을 끄집어 올리고, 사람들을 사물화 해 생김새를
모욕하는 등 이른바 올바른 것과는 거리가 먼 모습이
이곳에 가득하다.

　　다소 껄끄럽고 부담스러운 주제다. 그렇지만
기왕 클럽을 연구 대상으로 삼았다면 이처럼
적나라하게 제 욕망을 투사하는 모습을 직시해야
한다고 판단했다. 어쨌거나 클럽의 가장 큰 속성이란
욕망 투사이기 때문이다. 괜히 클럽을 문화 공간으로
다시 바라본다는 식으로 의미를 미화하고 싶지
않았다. 강남 클럽 중에서도 정도가 가장 심하다는
아레나를 선정한 건 그런 이유에서다. 어느새
유행어가 된 '이러나저러나 아레나' 같은 말장난
역시 그러한 기대 심리를 반영한다.

　　강남이라는 지역군이 외모 지상주의와
배금주의 같은 속물적인 문화의 성격을 지니고
있다면, 아레나라는 특정 클럽은 해당 문화의
극단적인 수위를 압축적으로 보여준다.

강남 클럽을 홍대, 이태원 일대와 별개의 문화
양식이라고 주장할 수 있다면, 도시적 맥락을 살피지
않을 수 없을 것이다. 성행하는 업소가 있으면,
주변에는 관련한 인접 업종과 종사자들이 잇따른다.
아레나와 관계하는 강남 일대의 유흥업소는 대부분
불법적인 성격을 띤다.

클럽 아레나

대학가를 중심으로 만들어진 홍대나
다문화적인 유흥을 소비하는 이태원과 달리,
강남은 서울에서 '자본이 모이는 곳'으로 정의되는
문화권이다. 자본에 기반한 욕망과 유흥이란
남다를 수밖에 없다. 그리고 자본주의 사회에서
모든 불법은 자본과 관계하고 있기 마련이어서,
일련의 욕망을 극단적으로 탐하는 클럽 주변에는
불법 업종이 어울릴 수밖에 없다. 성매매, 단란주점,
사설 도박장과 같은 업종이 이 일대에 포진해 있고,
그 종사자들이 아레나의 주 고객이 된다. 실제로
초창기 아레나의 구성원은 이들이 대다수였다.
지금은 공공연해진 애프터 클럽이라는 형식 역시
아레나 초창기까지만 하더라도 유흥업 종사자들을
타깃으로 하는 클럽이었으니 말이다.

　　일반 클럽이나 바, 유흥업소가 문 닫는 새벽
시간에야 개시하는 아레나를 찾던 당시 손님은
대부분이 주변 유흥 인구였다. 현재 아레나의
분위기를 형성한 것도 이들 몫이었다. 돈을 쉽게
써 대고 지나치게 예쁘고 잘생긴 사람들이 한데
모였으니, 일반인들은 낯설었지만 그 특유의
분위기와 '수질'에 열광할 수 있었다.

　　유흥업소 종사자들은 일반인들 방문에 앞서
클럽의 분위기와 '수질'을 좌우했다. 이런 이유로
아레나가 유명세를 얻으면서 구성원이 대중화된
오늘날에도 이들의 역할을 빼놓을 수 없기도 하다.

매일같이 클럽을 찾아 대수롭지 않게 노는 '죽돌이' '죽순이'가 먼저 일탈 분위기를 만들어 주어야 일반인들이 동조할 수 있기 때문이다. 업장 측에서도 여전히 서비스 테이블을 그들에게 제공함으로써 아레나의 수질과 분위기를 조절하고 있다.

따라서 아레나와 주변 업소 간의 관계는 상호보완적인 관점에서 바라볼 필요가 있다. 아레나가 생겼다고 해서 갑자기 유흥업소가 생겨난다는 단순한 역학이 아니라, 어떤 계기로 인해 일괄적으로 '유흥 지구'가 만들어지는 관계가 중요한 것이다. 실제로 아레나 주변에는 지금도 클럽이 즐비하지만 과거에도 선샤인 호텔 보스(2001~2013년), 리버사이드 물(1981~2014년) 등의 나이트클럽, 그리고 리츠칼튼 에덴(2008~2014년), 클럽 홀릭(2011~2014년), 클럽 88(2010~2012년) 등의 클럽이 들어서곤 했다.

아무리 개개 클럽의 운영 기간이 짧을지라도, 그것이 거듭되다 보면 시끄러운 클럽을 피해 기존 거주민이 나가고, 클럽과 연관된 사람들이 그곳으로 모이게 된다. 자야 할 시간에 스포츠카가 달리고 아침 출근 시간에 주정뱅이가 귀가하는 동네에 살기란 쉬운 일이 아니다. 아레나는 역사적으로나 지리적으로나 자연스런 맥락을 지닌다.

이렇듯 아레나를 비롯한 많은 클럽, 그리고 술집 등이 위치한 논현동 일대는 강남에서 유독

클럽 아레나

지대가 낮고, 번듯한 주거 단지가 들어오지 않는 상황이다. 도시 계획상 블록 외곽은 상업 지역, 내부는 주거 지역으로 구분했지만, 이러한 상황 탓에 애당초 세워둔 경계 또한 무색해졌다. 지금에 이르러서는 동네 전체가 거대한 유흥 지구처럼 보일 따름이다. 여느 지역에나 있는 술집, 숙박업소, 주거 건물이지만, 아레나 주변에서 그들의 성격은 다른 지역과 분명한 차이를 지니는 것이다. 아레나 일대의 클럽과 술집, 불법 업소, 숙박 업소 등은 밀접한 연관을 맺으면서 특수한 도시적 맥락을 형성하고 있다.

다만 태생부터 계획도시였던 강남에서 유흥 지구 발생 연원은 의문을 불러일으킨다. 모든 게 구획된 강남에서 왜 돌연 특정 구역에 유흥업소가 계속해 생기는 것일까?

역사는 수십 년 전으로 거슬러 올라간다. 유흥업소 특성상 빠른 순환성을 가지며 개업과 폐업을 반복하지만, 결국 그래 봐야 매번 지리적으로 같은 곳이었으며, 이를 추적하다 보면 그 역사의 시작점을 찾을 수 있다.

가장 명확한 근거가 되는 사건은 1970년대를 가리킨다. 당시 '특정 시설 제한 구역'으로 묶인 강북의 유흥시설이 대거 강남으로 내려왔고 빈 땅이었던 강남을 어떻게라도 개발하기 위해 토지이용계획 규제를 조금 풀어 준 틈을 타 특정 구역에 함께 왔던 것이 지금 모습을 하게 된 것이다.
이렇게 클럽과 호텔, 유흥 술집, 그리고 이와 관계된
사람들의 오피스텔로 구성된 블록은 여느 강남
블록과 다른 모습을 띠고 있다.

주변 프로그램

클럽을 찾은 인파는 자연히 주변으로 이어지기 마련이다. 클럽에 가기 전 일행을 기다리거나, 매캐한 지하에서 나와 잠시 바람을 쐬거나, 해장을 하거나 허기를 달랠 필요가 있기 때문이다. 아레나 주변에는 사람들의 이러한 필요를 해결해 줄 수 있는 프로그램이 입지해 있다.

가장 커다란 프로그램은 지상 층에 위치한 렉스 관광호텔이다. 아레나가 입지한 논현동 18-2번지 건물명이 아예 렉스 관광호텔인데, 호텔은 하룻밤을 장사하는 클럽과 떼려야 뗄 수 없는 인접 업종이다. 건축법상 유흥업소가 함께할 수 있는 몇 안 되는 업종 중 하나가 숙박업소인 까닭도 있다. 〈용도지역별 건축기준 조견표〉에서 볼 수 있듯, 건축물 세부 용도가 각각 위락 시설 중 유흥 주점인 클럽 아레나와 숙박 시설 중 관광 숙박 시설인 렉스 호텔은 건축이 허용되는 사항이 상당 부분 공통된다.

언뜻 숙박 시설은 조용히 쉬어야 하는 곳이라는 생각이 들지만, '잠'마저 유흥의 일부가 되는 이곳에서 호텔과 클럽은 크나큰 시너지를 낸다. 썩 좋지 않은 시설임에도 불구하고 렉스 관광호텔은 아레나가 여는 날마다 만실이다. 먼 타지에서 클럽을 찾은 이들은 물론 클럽에서 만난 남녀가 바로 위층 호텔로 자리 옮기는 모습이 심심찮게 보인다.

1층 호텔 로비와 아레나 입구 옆에는 편의점이 있다. 여러 물건을 챙기지 않는 클럽 손님 특성상 특히 필요한 시설이다. 클럽 입장 전 술값이 저렴한 편의점에서 취기를 올리는 사람들, 허기를 때우고자 컵라면을 끓여 먹는 사람들, 담배나 기타 음료를 사가는 사람들, 클럽 사물함이 가득 찬 경우에는 같은 가격으로 외투를 맡겨 두는 사람들까지 이용이 다양하다. 어쩌면 클럽 운영 시간대에 이곳 편의점 CU 신사렉스점은 전국에서 가장 매출이 높지 않을까? 얼른 물건을 사 들고 할 일을 하러 가야 하는 사람들의 발걸음이 재빠르다.

욕망이 넘쳐 흐르는 클럽 앞마당에 편의점이라는 오늘날 가장 중립적이고 무미건조한 시설이 서 있다. 극단적인 성격을 지닌 클럽에서 나온 손님들이 어떤 모습으로 계산대를 찾아오든, 편의점 직원은 아무렇지 않은 표정으로 바코드를 찍고 인사 없이 다음 손님을 기다린다. 클럽에서야 이성에게 모든 관심의 초점이 맞춰져 있지만, 편의점 직원의 관심만큼은 사람들이 아니라 물이다, 휴지다, 컵라면이다.

아레나와 같은 건물에 호텔과 편의점이 있다면, 바로 옆에는 카페와 쌀국수집이 자리한다. 편의점이 클럽에서 노는 내내 오가는 시설이라면, 카페와 쌀국수집은 클럽에 가기 전, 그리고 나온 후에

클럽 아레나

들르는 장소다.

　　카페는 클럽에 함께 가는 사람들과 사전 모임을
갖는 게 주된 용도다. 아무래도 실내로 입장하면
시끄러워 이야기하기가 불가능하니, 놀기 전
이곳에서 무난한 인사치레를 하는 것이다. 특히나
클럽 특성상 기존 지인이 아니라 온라인 커뮤니티를
통해 모인 '조각' 인원이 많아, 아레나 근처
카페에서는 처음 보는 이들이 오늘 놀기 위한 작당
모의와 준비를 하는 모습을 심심찮게 볼 수 있다.
'조각' 티 내지 말고 자연스럽게 놀자며 통성명을
하고, 테이블 예약 금액을 갹출하기 위해 준비해 온
현금을 '조각장'에게 건네거나 스마트 뱅킹으로 계좌
이체한다.

　　이러한 모습이 아레나 개장 즈음 볼 수 있는
풍경이라면, 폐장 즈음에는 카페 의자에 앉아
곯아떨어진 사람들 또한 볼 수 있다. 체력적으로
지쳤거나 사고에 휘말린 사람들이 여기에 피신해
있는 것이다. 오전 대중교통을 이용하고자 기다리는
사람들에게 24시간 영업하는 카페는 쉼터가 되기도
한다.

　　해장과 끼니를 해결하는 프로그램도 존재한다.
말 그대로 밥 먹는 식당이기도 하지만, 클럽에서
나와 할 일이 없는 사람들에게 식사란 부담 없이
행할 수 있는 일이기 때문이다. 오늘 처음 본
이성에게나 오늘 놀기 위해 만난 친구에게 '밥

먹자'고 간편하게 제안하기도 한다.

그런데 많고 많은 음식점 가운데 쌀국수집이라는 사실은 좀 흥미롭다. 실제로 아레나 측에서 아예 또 다른 쌀국수집을 새로 개업하기까지 했으니, 클럽 후 식사로 쌀국수를 고르는 건 마치 관례가 돼 버렸다. 아스파라긴산이 들어간 깔끔한 해장 음식인데다 가격도 높지 않은 실용적인 이유 때문인 걸까? 유난스럽지만 베트남 쌀국수가 갖는 뉘앙스를 떠올려 볼 수도 있다. 동아시아, 동남아, 유럽 식문화 모두를 반영하는 베트남 쌀국수는 종종 접하지만 자주 먹지는 않는 음식으로서, 적당한 낯섦과 익숙함을 은유하고 있다. 너무 간편한 국밥도 아니면서 그렇다고 데이트 음식 같은 카르보나라도 아닌, 그 사이에 있는 메뉴로 쌀국수가 자리한 것처럼 보인다.

클럽을 마감하고 삼삼오오 모여, 오늘 회포를 푸는 쌀국수집 풍경도 흥미롭다. 누군가는 아직 아쉬움을 못 숨기고 재차 헌팅을 시도하고 있으니, 애프터 클럽 이후의 애프터까지 보면 진정 클럽이 마감하는 모습을 보는 것 같다.

강남의 다른 클럽들

클럽에서 노는 사람들 대부분은 특정한 한 곳만이
아니라 여러 군데를 돌아다닌다. 클럽마다 운영
시간과 분위기가 제각각일뿐더러, 그날그날 수질과
수량이 다르니 사람들은 그에 따라 자리를 옮긴다.

테이블 손님인 경우 여러 군데를 다니기가
현실적으로 곤란하지만, 스탠딩으로 오는 사람들은
구태여 한군데에 집중할 필요도 없다. 이런 부류는
클럽 코스를 짜고는 이곳저곳을 돌아다닌다. 더욱이
멀리서부터 강남 클럽을 찾은 이들에게는 클럽
하나만 가는 게 아쉬울 수밖에 없다. 작정하고
하룻밤을 시간 낸 만큼 노는 일도 분주할 따름이다.

어려운 일도 아니다. 강남 클럽들은 모두 택시
기본요금 거리인 2킬로미터 이내에 맞닿아 있어
동선 짜기가 간편하다. 그래서인지 많은 사람들이
오가는 클럽 앞에 정차해 있는 택시 기사들도
언젠가부터 클럽을 품평한다. "오늘은 ○○이
핫하네" "경기도에서부터 여기 아레나를 태웠다네"
등등. 아무튼 이런저런 클럽을 다니느라 사람들
손목에는 입장할 때 채워 주는 밴딩이 서너 개씩
주렁주렁하다.

여러 클럽이 유흥 벨트를 이뤘다고 해서,
모두가 시너지 효과만을 내는 건 아니다. 서로 다른
운영 시간과 정책을 펼치고 있지만 정작 사람들이

본격적으로 놀고, 돈을 쓰는 클럽은 따로 있기
때문이다.

　　　모든 총량의 법칙이 말해 주듯 클럽 사업 또한
어느 한 곳이 잘 되면 상대적으로 다른 곳은 인기가
떨어진다. 새로운 클럽이 생겼다고 해서 새로운
손님이 늘거나 유흥 인구 규모가 커진다기보다는
해당 클럽이 다른 클럽의 손님과 매상을 빼앗아
간다고 보는 게 알맞은 것이다. 아무래도 노는
인구는 거기서 거기일 수밖에 없다. 수질을 결정하는
소수 집단을 따라 수량이 모이고, 그에 따라 클럽
분위기가 좌우되어 1위 클럽이 결정 난다.

　　　아레나는 몇 년째 매상을 독차지하는 클럽이다.
수량과 수질을 좇아 고액 테이블 게스트들이
아레나를 찾고, 연쇄적으로 더 많은 사람들과 돈이
모인다. 대개 클럽은 트렌드가 중요한 장사인
만큼 2년 주기로 순위가 바뀌는데, 외국인 대상의
관광 브로슈어에 적혀 있는 관광 클럽이 아님에도
이처럼 꽤 오랫동안 1위 자리를 지키고 있는 건
독특한 현상이다. 더구나 아레나가 정착시킨 애프터
클럽은 사실 화류계를 타깃으로 해 흥망 주기가 1년
남짓이던 문화이기도 했다.

아레나가 1위 클럽으로 불리는 시간이 길어질수록,
아레나를 이기기 위해 도전하는 클럽은 계속해서
생기고 있다.

클럽 아레나

노쇠한 시설과 쾌적하지 못하다는 게 아레나의 가장 큰 단점인 만큼, 새로 생기는 클럽은 이유 있는 성공을 바란다. 폐쇄하기 전까지는 버닝썬이 대표적인 경쟁 클럽이었으며, 그 이전에는 클럽 매그넘(2013~2014년)이나 디스타(2016~2017년) 같은 경쟁 상대가 있기도 했다. 하지만 이 책에서 굳이 영업력을 가지고 아레나를 다른 클럽과 비교하지는 않는다. 어디까지나 이 책에서 '아레나'는 전반적인 클럽 문화와 현재 사회상을 들여다보는 참조점에 불과할 뿐, 클럽의 흥망성쇠는 다른 맥락의 이야기이다.

　　대신에 같은 '클럽'이라고 불리지만, 아레나와 다른 특징을 띠는 클럽에 대해서는 이야기해 볼 수 있을 것이다. 클럽마다 사람들이 기대하고 행동하는 바도 다 다르다. 이러한 맥락에서 필히 이야기해야 할 클럽은 논현동 뉴힐탑 호텔 지하에 위치한 클럽 옥타곤이다. 이 부지에는 과거부터 여러 클럽이 있었는데, 옥타곤은 아레나보다 3년 빠른 2011년 개업해 여태껏 영업을 지속하는 성공한 클럽이기 때문이다.

　　다만 옥타곤의 성공은 아레나의 포지션과 정반대에 위치한다. 옥타곤이 개업하기 전인 2010년 무렵은 음지화되어 있던 클럽이 사회 문제로 크게 지적된 때였는데, 이때부터 옥타곤은 '클럽의 양지화'를 목표하며 고급화를 추구하는 전략을 펼쳐

왔다. 별도로 주방을 두어 좋은 음식을 팔았고, 유명 디제이는 물론 유명 클래식 연주자를 초청해 클럽의 문화적 속성을 부각시켰다.

일련의 특징은 스테이지 운영에서도 아레나와 대조된다. 아레나의 좁은 스테이지는 형식적인 무대 공간으로서 사람들이 몸을 부대끼는 게 중요하다는 걸 의미하고 있지만, 옥타곤의 쾌적하고 넓은 무대는 말 그대로 편안하게 춤을 추고 노는 걸 우선시했다는 걸 보여준다. 옥타곤이 광고하는 '대한민국 1위 클럽'이란 이와 같은 전통적인 의미에서 클럽을 평가할 때 가능한 순위다. 근거는 영국의 음악 잡지인 《디제이 맥(DJ MAG)》인데, 이 지표는 전통적인 의미에서의 클럽, 즉 말 그대로 음악을 듣고 춤을 추기 좋은 환경을 평가 항목으로 삼는다. 돈과 외모를 좇고자 클럽을 즐기는 사람들에게 아레나가 1위 클럽이라면, 옥타곤은 외국인 관광객이나 잠깐 놀다가 귀가하는 사람들을 타깃으로 하는 대표적인 관광 클럽이다.

아레나와 옥타곤이 클럽의 전혀 다른 성격을 대표하는 만큼, 강남 일대 다른 클럽은 두 클럽 사이에서 포지션을 점한다. 운영 시간대든 안에서의 문화든 운영 전략이든 아레나와 옥타곤은 클럽의 전혀 다른 성격을 대표하기 때문이다. 그래도 그중에서 눈에 띄는 클럽이 있다면 버닝썬이다. 앞서 말했듯 클럽 버닝썬은 2017년에 새로 생겨, 몇 년간

클럽 아레나

가장 성행해 온 아레나와 경쟁 구도를 이루고 있었기 때문이다. 버닝썬은 영업 시간대에서 정 클럽과 애프터 클럽 사이에 위치해 아레나 초반 시간대의 손님을 가져갔고, 입지 또한 아레나가 위치한 논현동과 다른 강남 클럽이 위치한 역삼동 사이에 입지하여 계획적으로 아레나를 겨냥했다.

아레나의 운영이 오래될수록 그곳에 늘 방문하는 '죽돌이' '죽순이'가 마치 고인 물처럼 늘어갔는데 인기 연예인이 운영하는 버닝썬은 새로운 손님을 많이 모객할 수 있다는 걸 장점으로 삼았다. 이로 인해 아레나의 피크 타임은 버닝썬 뒤로 밀려났고, 버닝썬에서 놀고 아레나에 가지 않은 채 곧장 귀가하는 사람이 늘어나면서 아레나의 '고인 물' 경향은 더욱 심해졌다.

한때 유흥업 종사자들을 타깃으로 하던 애프터 클럽을 일반인들에게까지 확장한 게 아레나의 장점이었는데, 아레나 피크 타임 직전의 애프터 클럽이 생겨남으로써 그것을 위협한 것이다. 물론 소위 말하는 '죽돌이' '죽순이'가 클럽 분위기를 유지해 주는 중요한 손님이기는 하지만, 그것이 전부가 되어 버리면 클럽은 이전처럼 특정 사람들의 동창회와 같은 꼴이 벌어진다.

역시나 중요한 건 신규 유입 인구였다. 버닝썬에서 놀고 아레나까지 일부러 오는 '신입'이 얼마나 있었을까? 두 애프터 클럽의 각축전은 버닝썬의 폐쇄 전까지 계속 진행되었다. 어차피 트렌드성이 중요한 클럽 신(scene)에서 이러한 경쟁 구도야 이름만 바꾸어 늘 일어나는 일이다.

강남은 아니지만 한남대교를 건너자마자 위치한 이태원 메이드라는 클럽도 함께 이야기해 볼 법하다. 이태원 문화는 강남과 별개의 성격 같아 보이지만, 이 클럽만큼은 강남 클럽의 특징을 많이 따르고 있다.

이태원 메인 거리와 떨어져 특유의 거리 문화 대신 강남처럼 단일 건물 성격의 클럽이며, 안에서 나오는 음악이나 테이블 비딩, 입뱅 문화 등 강남 클럽과 별반 다르지 않다. 다만 차이가 있다면 이태원 메이드는 마치 '보급형 강남 클럽'으로서 상대적으로 저렴한 비딩 액수, 그리고 덜 엄격한 입장 기준을 보여 준다는 점이다.

그래서인지 이태원 메이드에는 평소 강남 클럽을 즐기지 않던 사람들 또한 방문해 쉽고 간편히 제 욕망을 투사한다. 막연히 강남 클럽은 다른 문화라고 생각하고, 입뱅과 비딩이 지나칠 거라 추측해 가지 않은 사람들이, 이태원 메이드라는 대안 속에서 그와 유사한 욕망을 펼치는 것이다. '죽돌이' '죽순이'와는 결코 거리 먼 사람들이지만, 결국 그들의 놀이문화 또한 별반 다르지 않다. 오히려 덜 엄격한 입장 기준 탓에 누구나 제 욕망을 분출하고,

---

클럽 아레나

아레나처럼 턱없는 비딩은 아니지만 고액을
지불하고 테이블을 점유하는 테이블 게스트들의
태도는 더욱 적나라하게 나타난다.

클럽과 도시

클럽의 역사는 도시와 뗄 수 없는 관계를 맺는다. 클럽에서 놀 때에는 일상적인 배경을 제쳐 두어야 하는데, 현대 도시가 갖는 익명성과 타자성은 여기서 배경이 되어 준다. 클럽 내에서의 일탈이 클럽 바깥의 일상에 영향을 끼친다면 어느 누가 편히 놀 수 있을까? 만약 클럽에서 만나는 사람들이 평소 알고 지내던 동네사람들이라면 문화가 사뭇 달라질 것이다. 이태원과 홍대의 몇몇 로컬 클럽이 결국 친목회 같은 모습을 띠는 것도 이 때문이며, 각 지역의 돈과 사람이 모이는 '강남'의 클럽들이 어떤 문화 공간을 표방하지 않고 막연히 일탈 공간을 추구하는 것도 이 맥락에서 볼 수 있다. 클럽은 지극히 도시적인 프로그램이다.

그래서인지 최초의 클럽 등장을 현대 도시가 탄생하는 20세기 초반으로 보는 견해가 많다. 20세기 초반 미국에서 제정된 금주법을 피하기 위한 장소로서 클럽이 만들어졌다고 하는데, 무려 〈메트로폴리스〉라는 제목을 한 1927년도 영화에서 클럽의 형태를 찾아볼 수 있다.

하지만 이 시기에는 우리가 아는 클럽의 모습이 보이지는 않는다. 여전히 계급 관계가 남아 있어 완전한 타자성이 나타날 수 없었고, 음악 또한 관객이 아니라 공연하는 밴드 성향에 달려

있는 재즈와 록큰롤이 유행하고 있었기 때문이다. 누군가의 가창력보다 군중의 '떼창'이나 움직임이 중요한 오늘날의 일렉트로닉 음악, 힙합 음악과 비교해 보면, 재즈와 록큰롤은 일방향적인 공연성이 강한 장르다. 당시 클럽이란 단지 특정 계급의 사교 모임 장소, 술집, 공연장의 형태로 존재했던 것이다.

도시의 등장은 사람들에게 '클럽'이라는 별도의 장소를 개발하고 이용할 필요를 일깨워줬지만, 그것이 오늘날 우리가 아는 클럽의 형태로 발전하는 것은 조금 나중의 일이다.

클럽다운 클럽이 보이는 건 1970, 80년대의 뉴욕에서다. 이 시기는 세계 최대의 메트로폴리스인 뉴욕이 가파르게 도시화가 되는 동시에, 디스코 음악이 등장해 유행하던 무렵이다. 디스코 음악은 비로소 '댄스 음악'으로 기능하며, 드디어 몸을 통해 이야기하는 비언어적 의사소통을 가능하게 했다. 또한 디스코는 16비트 드럼비트와 업비트 베이스 라인을 통해 어떤 음악이건 '디스코화'할 수 있는 공식성(formulas)을 통해 디제이 역할을 만들어 냈다. 무대에만 집중되던 스포트라이트가 비로소 '노는 사람들'을 향할 수 있게 된 것이다.

뉴욕이라는 대도시에 몰려온 수많은 사람들로부터 제기된 다양성의 문제도 중요했다. 다양한 사람들이 모인 만큼 사회적 금기 또한 많이 생겨났는데, 여기에 답답함을 느낀 사람들이 일련의 금기에서 벗어나 오로지 본능에 충실할 수 있는 시공간으로 클럽이 이용됐던 것이다. 법이든, 사회 윤리든 일탈 문화는 필연적으로 어떤 제도를 위반하는 데서 출발하기 마련이다. 도시 곳곳에 생긴 클럽에서 사람들은 본격적으로 유흥을 즐겼다.

클럽의 형식도 한층 구체화되고 보편화되었다. 초기 클럽이 몰래 술과 마약을 하는 곳으로 기능했던 만큼 가드(Bouncer)의 역할은 신분을 확인하거나 사고를 제지하는 데 머물러 있었는데, 점차 일상과 분리, 독립된 장소로 클럽이 기능하기 위해 입장 규칙도 구체적으로 다듬어졌다. 사회적인 터부와 관계하는 입장 규칙은 클럽의 독자적인 분위기를 형성하도록 하는 중요한 장치였다.

시설 면에서는 디스코볼이라고 불리기도 하는 미러볼이 클럽에 등장하여 화려하고 정신없는 풍경도 연출되었다. 많은 예술가와 연예인이 모이던 곳으로 유명했던 '스튜디오 54'(1977~1980년)에서는 우리가 아는 '클럽'의 특징을 대부분 찾아볼 수 있다.

이후 클럽은 뉴욕에 이어서 베를린이나 서울처럼 도시화가 진행되는 곳곳으로 속속 수출되었다. 사람과 돈이 모이는 도시에서 클럽은 필연적인 프로그램이었다. 수입 과정에서 도시의 성격이 일부 반영되기도 했다. 본능적인 욕구는 전 세계 사람들에게 공통되겠지만, 문화권마다 가지고 있는 욕망이 클럽의 스타일로서 드러났다. 사람들이

클럽 아레나

어떤 터부에 답답해하며 어떤 욕구를 좇는지 등이 엿보이는 것이다. 도시성에 기반해 등장한 게 클럽이라면, 우리는 개별 클럽의 특징을 통해 도시의 성격을 알아볼 수도 있다. 입맨이나 음주, 음악 등과 같은 보편적 조건이 클럽을 정의하기는 하지만, 그것의 구체적인 양상은 베를린, 뉴욕, 서울 등 도시마다 다른 욕망을 반영하며 세분화된다.

아레나가 입지한 강남 역시 특이한 지역이다. 강남은 세계적으로 손에 꼽히는 메트로폴리스인 서울을 대표하는 동시에, 그 이상으로 여러 가지 상징성을 지니고 있기 때문이다. 많은 미디어에서 강남은 출세의 상징처럼 여겨지며, 타지인이 상경해 직장을 다니고 학원을 다니며 꿈을 꾸는 지역으로 다뤄진다. 막상 동네마다 땅값 차이도 들쑥날쑥하고, 이곳보다 더 비싼 동네가 주변에 없는 것도 아니지만, 한국에서 강남이 갖는 의미만큼은 유별나기만 하다.
　　부촌 권역을 '강남'으로 통칭하는 것도 흥미롭다. 통상적인 부촌은 서민과 거리를 두고 한적하게 자리하는데, 유독 재벌의 삶에 관심이 많은 한국에서만큼은 이들을 강남이라는 지역구로 묶어서 그 삶을 의식한다. '나도 강남에 갈 수 있을까' '강남에는 어떤 이들이 살까'와 같은 실상보다 상상에 기반한 강남 찬양은 해가 갈수록 촌스러워지기는커녕 가속화되어 간다. '강남 클럽은

몇 살부터 갈 수 있다' '돈을 얼마나 써야 한다'
'얼마나 극단적으로 논다'와 같은 뜬소문은 말 그대로
'강남'에 대한 인식의 확장판으로 보인다. 이처럼
강남을 대하는 한국 사회 전반적인 거리감은 앞서
1장의 '테이블'에서 이야기했듯 테이블과 통로가
무척 가까워진 물리적 거리감과 어느 정도 유사성을
띠는 셈이다.

　　강남의 실질적인 역사가 이를 뒷받침하기도
한다. 가장 비싼 땅값을 가지며 서울을 대표하는
지역 같아 보이지만, 실제 강남의 역사는 무척이나
짧고 단순하다. 1963년 서울로 편입된 강남은
1970년대 이후에야 개발이 이루어졌는데, 이를
견인한 건 다름 아닌 사람들의 투기였다. 강남의
도시성은 어떤 인프라 구축으로 자연스레 만들어진
게 아니라, 오로지 사람들의 돈을 벌겠다는 욕망이
쌓이면서 구축되었던 것이다.

　　'그때 강남 한 켠을 샀으면…' 하는 회상처럼,
필연적으로 강남은 거주민보다 외지인을 자극한다.
도시의 역사 자체가 사람들의 욕망을 자극하듯이,
아레나를 비롯한 유흥 시설, 그리고 주변의 온갖
불법 시설은 일련의 욕망을 표상한다.

　　독립적인 지하 공간을 만들어서 일상과 뚜렷한
경계를 짓는 것도 차별점이다. 홍대나 이태원 클럽이
거리 문화와 공존하는 것과는 다른 양상이다. 홍대와
이태원의 클럽은 주변의 청년 문화나 다문화주의와

클럽 아레나

연동되어 특정한 지역성을 갈무리한다면, 강남의 클럽 문화는 일상과 격리된 일탈 문화로서 존재한다. 거리에는 어디에서 어디로 가는지 알 수 없는 사람들이 수없이 지나가고, 건물 안에 들어서면 좀처럼 거리에서는 상상할 수 없던 모습이 어디에서나 벌어진다.

실내 문화뿐 아니라 도시적인 측면에서도 강남 클럽이 가지고 있는 성격은 또 다른 것이다. 오늘날 클럽은 전 세계 어느 도시에나 자리하고 있으며, 그만큼 클럽은 어느 무엇보다 '도시성'을 증명하는 장소로 존재한다.

03

시스템

테이블 예약

아레나의 테이블 예약은 기본적으로 비딩 시스템을 따른다. 더 높은 가격을 제시한 손님이 원하는 테이블을 차지하는 방식이다.

가장 인기 있는 클럽인 만큼 가격도 높고, 경쟁 입찰인 탓에 날이 갈수록 가격이 높아지고 있다. 돈에 대한 가치가 흔들리던 2017년 말 가상 화폐 광풍을 기점으로 유난히 비딩이 높아지기도 했다. 쉽게 벌어 쉽게 쓰는 예약자가 몰린 탓에 이전보다 거의 두 배 가까이 비딩이 부풀려졌고, 이때 늘어난 액수는 지금까지도 어느 정도 유지되고 있다. 일상의 경제 상황이 어떻든 유흥 내 물가는 별개의 경제 논리를 지닌다.

가격 단위는 술 한 바틀(bottle)이다.

보드카나 위스키 같은 하드 리쿼(hard liquor)인지 샴페인 바틀인지에 따라 같은 개수여도 가격이 조금씩 다르지만, 일단 비딩에서는 바틀 수만 따진다. 평균 비딩은 4바틀 정도로, 주종에 따라 약 150만 원 정도를 상회하는 금액이다. 액수가 1,000만 원 단위로 커지는 고액 비딩은 원화 단위로 이야기한다. 고액 예약의 경우에는 주종 또한 일반 바틀이 아니라 돔페리뇽 이상의 고급 주류를 매매하는 만큼 바틀 개수가 중요하지도 않다. 주문 액수에 따라 약간의 흥정도 가능하다. 돔페리뇽을

10바틀 주문하면, 가격상 300만 원어치의 3바틀을 서비스 주는 식이다.

비딩에 따라 테이블을 배정하는 시간은 10시다. 흔히 '조판'이라고 부르는 시간으로, 주문을 접수한 MD(Merchandiser)들끼리 자리를 나눠 갖는다. MD는 조판 전 얼마만큼의 바틀이 필요할 것인지 손님에게 추천해야 할 뿐더러, 동일 바틀의 경우에는 MD끼리 가위 바위 보를 해 자리를 가져가기도 하니, 좋은 자리를 예약하는 데 MD 역할은 사뭇 중요하다. 편법이지만 자기가 맡은 다른 손님끼리 바틀을 돌려 제 손님 모두가 자리를 차지할 수 있는 금액에 맞추는 경우 또한 있다. 조판에 성공한 MD는 테이블 판매액의 약 15퍼센트를 수수료로 가져가니 그들에게도 중요한 일이다.

조판이 끝난 이후에도 테이블 배정이 확실해지기까지는 시간이 좀 더 걸린다. 구두로 예약한 손님들의 결제 시간은 보통 12시 30분까지인데, 예약을 취소하거나 시간에 늦어서 결제를 하지 못하는 경우가 종종 일어나기 때문이다.

적은 바틀을 제시해 자리를 차지하지 못한 손님들은 이때를 기다려 남는 자리를 가져가기도 한다. 이것을 '자리 밀린다'고 말하는데, 제 손님을 채워 넣기 위해 다른 MD가 해당 테이블을 '밀기도' 한다. 다만 정말 유효 고객이 사정상 조금 늦는 경우라면, 담당 MD가 자기 아랫사람을 손님처럼

클럽 아레나

그 자리에 서 있게 하기도 한다. 계산을 하고 자리에 착석했더라도 테이블을 비워서는 안 된다는 건 이후에도 계속된다. 보통 4~8명 정도가 테이블 하나를 예약하는데, 테이블에 한 명도 남아 있지 않는 경우에는 모두 갔다고 판단하고, 자리를 정리해 버리기 때문이다. 당혹스러울 수도 있지만 보통 테이블 게스트들이 담당 MD에게 '아웃'을 얘기하고 나가기보다는 취하거나 체력이 소진되어 조용히 사라지는 손님이 대부분이라서 어쩔 수 없는 방침일 것이다.

자리에 대한 권리는 클럽 종료 시까지 계속 유효하지만, 보통은 6~7시간 주기로 테이블이 교체된다. 1시 무렵부터 이른 새벽까지 놀고, 점심 마감까지 기다리는 건 체력적으로도 보통 일이 아니다. 그럼에도 불구하고 바로 퇴장하는 테이블은 많지 않다. 테이블 가격이 고액인 탓도 있지만, 무엇보다 사람들의 아쉬움 때문이다.

즐거운 척 애써 쿨하고 여유롭게 자리하지만 목적을 달성하지 못한 이들의 표정은 씁쓸하다. 피곤함을 견디며 애써 자리를 지키는 사람들은 어느새 유흥이라기보다 목적 달성을 위한 노동처럼 보이기도 한다. 논 지 얼마 안 되어 나가는 이들의 아쉬움보다도 자리에 오래 버티고 있는 사람들의 아쉬움이 더 클 따름이다.

테이블이 다 판매되지 않는 경우도 있다.

클럽에서 가장 중요한 '수량'이 부족하다는 위험
신호다. 그래서 아레나 측에선 이를 방지하고자
수량이 부족한 목요일이나 일요일은 일부 구역을
막아 테이블 수를 아예 제한하기도 하는데, 그럼에도
늘 계획처럼 되지는 않기에 다른 대안을 마련한다.
'서비스 테이블'이라고 해서 무상으로 테이블을
제공하는 것이다. 유흥업소에서 일하거나 MD와
친분 있는 여성들이 서비스 대상으로, 수량을
만족시킴은 물론 수질이 좋은 듯한 효과를 내는
목적이다. 이와 같은 서비스 테이블은 평소 예약이
많을 때에도 일부러 마련하기도 한다. 일부 손해를
감수하고라도 고정 고객을 관리하기 위해서, 오늘
공연한 아티스트에게 자리를 내어 주기 위해서,
아니면 테이블 '수질'을 높이기 위해서다.

　　'비딩' 자체가 하나의 유흥거리로 작용하는
경우도 있다. 전광판에 돈을 쓴 자신을 알리는
메모를 남기고 먹지도 않을 술을 무한정 시키는
일들은 이러한 맥락에서다. '돈을 이만큼 썼다'는
사실에 쾌감을 느끼고 사람들이 그것을 알아봐주는
데 만족하는 것이다.

　　어떤 고액 손님끼리는 자신이 돈을 더 많이
냈다는 사실을 자랑거리로 삼아, 그들만의 비딩
경쟁이 붙기도 한다. 누가 5,000만 원어치 주문을
하면 이에 질세라 6,000만 원, 7,000만 원을
주문하는 식이다. 그리고 이 경쟁은 앞서 말한

2017~2018년 비트코인 열풍이 불던 시기와
일맥상통하게 유행했다.

사실 클럽 비딩은 일순간에 탕진하는 고액
유흥인데, '쉽게 벌고 쉽게 쓰는' 기회가 이때 한국에
찾아오며 꽤 많은 고액 손님들이 클럽 아레나에
등장했던 것이다. 아레나의 기형적인 비딩은
사람들의 전반적인 부가 증대되어서가 아니라 부를
'쉽게' 획득한 사람들이 늘어나 생긴 결과다.

입장 정책

포털 사이트에서 '클럽 아레나'를 검색하면 연관
검색어로 '아레나 입밴'이 나온다. 입밴은 '입장'과
거부(Ban)를 뜻하는 속어 '뺀찌'의 합성어로, 순화해
말하면 입장 정책(Door Policy)이다. 입장료를 내고
들어가려 해도, 업장 기준에 따른 허락이 필요하다는
뜻이다.

　　상업 시설에서 손님 거부라니 웬 말인가 싶다.
하지만 손님끼리의 상호 관계가 중요한 클럽에서는
무엇보다 '수질 관리'가 중요하기에 입밴은
필연적이다. 어떤 손님 때문에 어떤 손님은 '물이
안 좋다'며 나가고, 어떤 손님 때문에 다른 손님들이
'물 좋다'고 그곳을 찾으니 말이다. 또한 인기 있는
클럽일수록 실내 여유보다 오려는 사람이 많아,
입밴이 잦다는 건 클럽 인기의 방증이기도 하다.

　　일례로 세계적으로 손꼽히는 클럽인 베를린
베르크하인(Berghain)의 경우에는 입밴이 8할
이상으로 이뤄진다고 한다. 소위 '핫한 도시'로
꼽히는 독일 베를린인 만큼 현지인은 물론 많은
관광객까지 클럽에 입장하고자 대기하는데, 이를
통제하는 엄격한 입밴 문화로 유명세가 더욱
높아졌다. 입장을 결정하는 가드의 프로필이
구글에서 검색될 정도니 말 다 했다.

　　그렇다면 베르크하인의 입장 정책은 어떻게

될까. 수요가 공급보다 많을 때 자본주의 사회라면 가격을 올리는 방식으로 입장을 관리할 테지만, 여전히 사회주의 전통이 남아 있는 베를린 클럽에서는 이러한 시장주의를 거부하고 독자적인 입장 정책을 고수한다. 물론 다양한 인종이 모이는 이곳에서, 같은 한국인이 대부분인 한국 클럽에서 외모를 기준으로 하듯이 일률적으로 입장 기준을 제시하기는 어려울 것이다. 다인종 국가에서 남성성과 여성성은 특히나 제각각이고, 사람들이 원하는 '좋은 물'도 다르기 때문이다.

대신 명확하지는 않지만 대체로 이들이 지향하는 건 성적 자유로움이다. 사람들의 성적 욕망을 자극하는 건 매한가지이지만, 아레나와 차이가 있다면 일반화된 남녀 관계를 전제하고 외모를 입장 기준으로 하는 게 아니라, 다양한 성 정체성과 성 지향성을 우선으로 생각하는 것이다.

아레나에서 예쁘고 잘생긴 사람들이 높은 위계를 가질 수 있듯, 독일을 비롯한 유럽의 많은 클럽은 소수자 정체성을 지닌 사람이 높은 위계를 지니곤 한다. 아레나에서 돈과 외모가 권력 관계로 나아가듯, 누군가를 허락하거나 허락하지 않는 입뱅 시스템은 소수성과 같은 윤리적 개념 또한 권력 관계로 설정시킨다.

다만 해외 클럽이 '정치적 올바름'을 토대로 어느 정도 입장 정책을 제시하는 것과 달리,

아레나는 한사코 입뺀 기준을 공식화하지 않는다. 누구나 예상하듯 입장 기준은 '외모'에 근거하지만, 그것을 공식화하기에는 내용이 지나치게 반사회적이기 때문이다. 설령 외모 때문에 입장을 거절할 때라도 가드는 이렇게 돌려 말한다.

"클럽이 가득 찼어요" "테이블 게스트만 입장 가능합니다" "저희와 스타일이 맞지 않으세요" 등.

과연 어느 누가 "못 생겨서 안 돼요" "잘생겨서 괜찮아요"를 대놓고 말할 수 있을까. 외모 역시도 하나의 매력 자본에 불과하지만, 우리 사회에서 외모란 쉽게 평가, 판단할 수 없는 것으로 여겨진다. 다른 재능을 칭찬, 비판하는 것에 비해 외모에 대한 재능이나 노력을 이야기하는 건 무례하고 금기시되는 일이다.

일례로 아레나 주변에 즐비한 성형수술 광고판에서도 우리는 '외모에 관한 터부'를 찾아볼 수 있다. 그동안 신사역과 압구정역 안팎에 수없이 붙어 있던 성형 광고는 그만큼 수요가 있다는 걸 암시했는데, 조만간 이 광고판은 서울교통공사 주도로 2022년까지 철거될 예정에 처해 있기 때문이다.

어쨌거나 아레나는 각자의 욕망을 토대로 만들어진 공간이고, 모름지기 욕망은 터부와 함께하는 법이다. 사회적으로 아무리 외모에 의한 차별을 나쁜 것으로 이야기한다한들 개인적으로 그 욕망은 부정할 수 없으며, 사회 곳곳에서도 은연중에 이를 조장한다. 결국 아레나는 외모라는 말할 수 없는 욕망을 공감하고 시험하는 장소이기도 한 셈이다.

그래서인지 '아레나 입밴'이라는 키워드를 검색해 보면 그 기준을 추측한 게시 글이 종종 발견된다. 추상적이고 상대적인 기준이지만, 직접 겪거나 보고 들은 사실을 토대로 사람들이 나름의 '외모 가이드'를 만드는 것이다. 남자 키는 몇 센티미터를 넘어야 한다, 여자 몸무게는 어느 정도여야 한다, 어떤 옷을 입어야 한다 등 제대로 답해 주지 않는 가드 대신, 아레나를 들어가고 싶은 사람들이 이를 추측한다. 마치 외모에도 100점짜리 정답이 있다는 뉘앙스다. 틀린 외모가 있고, 옳은 외모가 있다니 사회에 만연한 외모 지상주의가 획일화된 대답만을 좇는 '정답주의'와 만나 더욱 극성스러운 갑론을박을 만든다.

물론 절대적인 정답이 정해져 있는 건 아니다. 가드가 입장을 관리하는 모든 클럽에서는 주관성이 개입되기 마련이고, 게다가 입장 기준이 절대적이기보다 당일 사정에 따라 가변적인 탓도 크다. 클럽의 '수질'을 관리하기에 앞서 '수량'이라는 우선순위가 있기 때문이다. 사람이 많을 때면 입밴 기준이 더 높을 것이며, 사람이 적을 때에는 누구라도 입장시킬 수밖에 없는 것이다. 텅 빈 클럽은 아예 클럽이 아니기 때문이다.

입밴은 클럽의 영업 방침을 넘어서, 개인이
자랑하거나 비애감에 빠지는 장치로 기능하기도
한다. 예컨대 입장을 걱정하는 이들이 있을 때면
"요즘 입밴 없이 아무나 다 입장시켜 준다"거나
"나는 운동복 차림인데 입장되더라"며 아무렇지
않은 척 제 외모를 자랑한다. 입밴이 많기로 유명한
아레나에서 입장을 허락받으면 자신이 '옳은 외모'가
된 양 여기고, 동시에 입밴을 걱정하는 '틀린 외모'를
깎아내리는 것이다.
    어쨌건 안타까운 쪽은 입장을 거절당한
사람들이다. 아무리 가드가 돌려 말하더라도 입밴의
의미는 '못생겼다'는 인신공격이기 때문이다. 평소
사회 규범에 의해 이야기되지 않던 외모에 대한
지적이 '입장 거부'로 일어났을 때 마음이 상하지
않을 수 없다. 더욱이 아레나에 간다고 결심할 때에
그들은 제 외모에 최선을 다했으며, 충분히 입장할
수 있다는 자신 또한 가졌을 테다. 그런데 못생겨서
안 된다니. 이런 탓에 아레나 앞에선 입밴 당한
사람들의 우울한 농성도 볼 수 있다.
    "쟤는 입장했는데 나는 밴 당했다"며 기준의
부조리를 지적하기도 하고, "친구들이랑 같이
왔는데 저만 밴 당했다"며 제 외모 때문에 오늘
모임이 취소되어 버린 실망감을 토로하기도 한다.

클럽 아레나

외모가 아니라 옷 스타일이 문제라며 합리화하는 사람도 있지만, 어쨌거나 입뺀 당한 사람들의 트라우마는 말할 것도 없이 꽤 깊다. 한순간에 외모의 판관이 되어 버린 가드 결정에 따라 화장법과 옷차림을 바꾸고, 외모에 대한 집착이 생겨 성형수술을 하는 경우도 적지 않다. 잇따라 자존감 문제, 타인을 시기 질투하는 문제도 다반사다.

누군가는 거부되지만 누군가는 허락되는 입장 정책. 입뺀은 단지 한 공간에 들어가는 절차를 넘어, 무언가를 인정받았다는 것 자체로 의미를 형성한다. 인간은 타자의 인정을 욕구하는 존재이기 때문이다. 그리고 인정이란 본질적으로 누군가를 배제해야 성립되니, 아레나의 입뺀이 유난스러울수록 그에 입장한 사람들은 '인정' 받는 쾌락을 느낄 수 있다. 가뜩이나 '외모'라는 입장 기준은 평소 사람들이 공론화하지 못했던 주제이니 만큼 '입뺀'은 곧 외모의 등급을 말하는 대유법이 되곤 한다. "아레나 입장 아무나 시키던데?" 혹은 "아레나 입뺀 없는 것 같아"처럼 입뺀에서 자유로운 자신을 자랑하고, 동시에 입뺀을 걱정하는 타인을 깎아내리는 화법도 다양하다.

대외적으로는 외모 지상주의와 그에 따른 차별을 비판하기 일쑤이지만, 한편에는 이를 부추기고 자랑하기 급급한 사람들도 많다. 인정 투쟁의 장이 되어 버린 아레나 앞에서 입뺀을 당하곤 하룻밤 계획이 무너져 울상인 사람들, 수긍하지 못해 왜 안 되냐며 진상 부리는 모습은 꽤나 처참하다. 모쪼록 입뱅은 아레나라는 한 사회의 성원권을 내어 주는 시스템이자, 사람들의 일차적 욕망을 건드는 장치로 작동하고 있다.

남녀 관계

사람이란 언제나 사회에 결부되어 있는 존재다.

　우리는 종종 '사람'이라는 말 앞에 '일반적인' '상식적으로'와 같은 표현을 붙여 수식하곤 하지만, '사람'이란 차별적이고 배타적인 개념이다. 시대적으로, 거시적으로 보지 않더라도 '사람'에 대한 정의는 집단에 따라 매번 유동적이었다. 같은 사람인데도 누군가에게는 사람으로 존중받는 한편, 다른 누군가에게는 사람 취급조차 받지 못할 수 있다.

　작금에 벌어지고 있는 세대론이나 남녀 대립에 있어서 근본적 문제 제기가 발생하는 이유다. '남자' 혹은 '여자'라고 성별 전체를 지칭하지만, 그 안에는 무수하게 다른 이해관계를 지닌 수많은 남자 집단과 여자 집단이 존재한다.

　과연 평상시에 말하는 남자 혹은 여자를, 아레나에서의 남자와 여자에게 그대로 대입할 수 있을까? 아레나에서의 남녀 관계 역시 다른 관점으로 바라봐야 마땅하다.

　클럽 아레나는 '입뱅'이라는 절차를 통해 '남성'과 '여성'이라는 집단을 재정의한다. 외모라는 기준에 따라 한 사회의 성원권을 주거나 주지 않는다. 이른바 수질 관리라는 명목으로, 아레나라는 사회에서 버티지 못하거나 이곳의 분위기를 싫어하는 사람들을 미리 차단하는 것이다. 입장 정책이 수행하는 또 다른 기능이기도 하다. 입밴은 단지 최상의 분위기를 유지하려는 목적뿐 아니라, 아레나에서 소외되거나 그것을 거부하는 사람들을 처음부터 막아 세우는 장치 역할을 한다.

돈과 외모에 따라 입밴을 한다는 의미는 사실상 그것에 유리하거나 동조하는 사람을 입장시킨다는 말이어서, 이곳에 입장한 이들에게는 구태여 사회적으로 터부시되는 외모 지상주의와 물질주의에 대한 저항이 이루어지지 않는 것이다. '예쁜 여자' '돈 많은 남자'와 같은 여자와 남자를 바람직하다고 여기고, 그러한 여자 혹은 남자와 놀기 위해, 그러한 여자 혹은 남자가 되어서 아레나를 찾아오는 이들에게 어떤 남녀관을 대입할 수 있을까? 아레나에 온 여자와 남자는 일반 사회에서의 기준과 당연히 다를 수밖에 없다.

말 그대로 각각의 사람들은 '다른 사람'의 위상으로서 존재한다. 아레나에서 사람들은 일련의 남녀갈등은 아랑곳하지 않은 채, 각자 남자와 여자를 만나 놀기 바쁘다. 얼마 전까지 점잖게 업무를 보던 남자는 아레나에 들어와 여자를 인형 뽑듯 끌어올려 껴안고, 마찬가지로 여자 또한 남자 곳곳을 만지고 장난치며 술을 더 달라 요구한다.

처음 오는 사람들은 문 바깥과의 온도차에 경악을 금치 못하지만, 머지않아 이 안의 규범을 이해하게 된다. 아레나라는 사회의 성원 구성과 이곳에서 지켜지는 규범은 예외적인 모습이다. 아레나에서 새롭게 정의된 남녀 관계는 일상생활과 커다란 차이를 보인다.

이러한 이성관계는 동성관계에도 영향을 미친다. 어떤 남자들의 고액 테이블에 올라가고자 여자들은 서로를 밀고 당기며, 예쁜 여자를 차지하려는 남자들은 서로 눈치를 보고 경쟁한다. 속내가 어떻든 동성끼리 같은 편을 맺어 매너를 지키는 일상생활과 달리, 각자의 목표와 기분을 최우선시하는 각개전투가 벌어지는 것이다. 신경전으로 인해 욕설과 주먹다짐도 번번이 일어난다. 자신의 능력치를 자랑하는 데에 혈안이 돼 있는 상황인 만큼, 저를 무시한 느낌이 들 때면 제 기분과 힘을 금세 표출하는 탓이다.

입장은 했으나 공간에서 소외된 사람들도 있다. 사람들은 각자가 생각한 남자와 여자의 '조건'을 떠올리며, 그에 못 미치는 이들을 금세 무시하고 조롱한다. "저런 놈, 넌이 입장했다"는 욕설을 내뱉으며 같은 사람으로 취급하지 않는 식이다. 주변 동성 친구와 함께 거기에 동조하기도 한다. 꼭 이성뿐 아니라 동성을 비하하기도 한다. 자신이 저런 사람과 같은 존재로서 집단 내에 존재한다는 사실에 분노하고 조롱하는 것이다. "쟤 좀 봐라" "우리가 최고다"와 같은 일차원적 비하와 만족이 일어난다.

"물 안 좋다"는 말도 결국은 각자가 생각한
사회에 못 미친다는 평가와 같은 맥락이다. 자신이
생각한 사회의 '급'이 '물'이라는 말로 표현되었을
뿐이다. 일련의 목소리는 사람들이 인정하고
존중하는 남자와 여자의 범주가 있다는 사실을
폭력적으로 예증한다.

그렇다고 아레나의 예외적인 기준이 무턱대고
용납되는 건 아니다. 더욱이 아레나의 분위기를
핑계로 지나친 행동이 자주 엿보이는 만큼 이에
대한 문제 제기도 자주 일어난다. 외모 지상주의나
물질주의 같은 사회적 터부가 용인된다는 판단 아래,
뭘 해도 되는 양 잘못하는 사람들이 있기 때문이다.

가장 심한 사건이 일어나는 건 테이블 게스트
쪽에서다. 테이블을 예약할 때 지불하는 '돈'은
일회적인 대가성 소비이기 때문에, 일방적이고
폭력적인 행동을 더 쉽게 마음먹을 수 있는
것이다. 테이블 게스트들은 자신이 돈을 지불한
만큼 아무렇게나 여자를 대할 수 있다는 듯 '인형
뽑기'를 하고, 조금 마음에 들지 않으면 테이블에서
밀어내기도 한다. 아레나에서의 남녀 관계를
지나치게 일반화한 탓이다. 돈은 말 그대로 하나의
조건일 뿐인데, 와전된 소문을 들은 '돈 많은
아저씨'들이 이곳의 분위기를 무시한 채 일방적으로
행동한다. 외모뿐 아니라 테이블 게스트라면 웬만큼

입장시켜 주는 정책으로 인해, 여러 가지 이해 조건이 충돌하기도 한다. 아무리 돈을 내고 왔다고 하지만 '저런 사람'이 자신들을 건드리는 건 싫은 탓이다.

도저히 아레나의 분위기에 적응 못해 질색하거나 기겁하는 사람도 많다. 예상을 넘어서는 행동에 싫증내고 분노하는 경우도 다반사. 그들은 아레나의 분위기에 동화되지 못할뿐더러, 아레나 분위기에 지나치게 경도된 사람들을 지적하고 경계한다.

그러나 이 관계가 대등하게 성립하는 것만은 아니다. 스탠딩 게스트끼리는 상관이 없지만, 이미 신분적 차이가 형성된 스탠딩 게스트와 테이블 게스트 간에는 무작정 거부하고 무시하기보다는 친구를 시켜 화장실을 가겠다는 등 다른 변명을 꾸미는 건 그래서다. 술을 얻어먹은 대가가 있을 뿐더러, 목적을 성취하려는 테이블 게스트에게는 적절한 핑계가 필요하다.

너무 제멋대로인 경우에는 성범죄로 고발하기도 한다. 상대방 눈치를 살피지 않고 맹목적으로 목적을 취하려는 사람들은 지켜보던 가드에 의해서 혹은 상대방의 신고로 쫓겨난다. 더 심하게 노는 사람들도 있겠지만 문제는 상호의 의사이고, 따라서 그것을 살필 줄 아는 능력이 필요하다. 아레나가 바깥과는 별개의 규범을 따른다는 것이 절대적이진 않다.

　　의도적으로 아레나에서의 상황을 현실적으로 이용해 보려는 사람들도 존재한다. 당시에는 제 의지처럼 잘 놀았음에도 사후적으로 성적 접촉을 법적으로 고소하는 사건이 일어나는 것이다. 친구들끼리 와 남성의 접촉을 즉각 신고하고 합의금을 받아가다던 이른바 '일렉 3인조' 등 사건사고가 공공연하다. 가뜩이나 어두운 클럽 공간 내에 CCTV는 별다른 증거가 되지 않아 여성의 신고는 웬만해선 사실로 받아진다. 클럽 실내를 지키는 가드가 눈치껏 지나치게 행동하는 남자와 기분 나빠 보이는 여자를 제재하고 주의를 주고는 있지만, 이 역시 완전하지 않은 방법이다. 최근 사회적으로 남녀 관계가 유난히 조심스러워지고 긴장감이 늘어감에 따라, 아레나에서의 남녀 관계는 어느 때보다 유별나 보인다.

운영 시간

클럽을 정의하는 여러 조건 가운데, 영업시간은
클럽의 성격을 상당 부분 말해 준다. 같은
공간이더라도 시간성은 사람들의 행위 요소를
다르게 하는 조건으로 작동한다. 똑같이 놀기로
작정했더라도 그것이 대낮인 것과, 초저녁인 것과,
한밤중인 것은 사람들의 심리 상태에 각각 다른
영향을 미친다. 클럽이 지하 공간을 찾아 실내
밝기를 칠흑같이 어둡게 연출하는 건 이유가 있다.
해가 뜬 아침이 되어도 아레나 실내는 언제나
한밤중이다.

막차가 끊기기 전 노는 시간대와 첫차를
타려고 노는 시간대, 그리고 다음날 종일 잘 것을
생각하고 노는 시간대에 따라 사람들의 행동 양식과
마음가짐이 모두 다르다. 가기 전부터 계획하는 바가
다르고, 가기 전까지의 과정 또한 다르다. 이 순서를
그대로 클럽 종류에 적용시켜 보면 이렇다. 오후
7~8시에 오픈해 식사 마친 손님들이 술을 마시고
노는 라운지 클럽, 그리고 오후 10시~12시에 오픈해
통상적으로 클럽이라 불리는 정 클럽, 마지막으로
앞선 클럽이 닫을 즈음에야 본격 영업을 개시하는
애프터 클럽이다. 아레나는 마지막 유형에 속하는
클럽이다.

정 클럽에서 노는 게 모자란 사람들이 아레나로

이동하고, 아니면 아예 작정하고서 아레나로 직행한다. 그만큼 이곳에서는 마음껏 놀아 보겠다는 '마인드셋'이 장착되곤 한다. 공연을 보고 노래를 듣고 춤을 추는 게 목적 전부라면 모르겠지만, 목적에 따라서는 작정하고 찾는 애프터 클럽이 훨씬 적절하다.

그동안 애프터 클럽은 화류계를 타깃으로 운영한다는 인식이 강했다. 아무리 한국이 밤문화가 발달했다고는 하지만, 새벽 4~5시쯤부터 시작해 다음 날 아침에 파하는 유흥 문화가 일반인들에게는 거리감이 있던 탓이다. 그래서 '그들끼리' 모이던 애프터 클럽은 다른 정 클럽보다도 흥망 주기가 훨씬 빨랐다. 찾는 사람이 한정돼 있을뿐더러, 화류일 자체가 수명이 길지 않기 때문에 애프터 클럽은 작게 생겼다가 금방 사라졌던 것이다. 이런 탓에 초창기 아레나도 이와 비슷할 것이라고 짐작되었다. 자그마한 업장 규모와 무척이나 늦은 운영 시간 등 모든 면에서 영락없는 애프터 클럽이었기 때문이다. 설마 화류계 사람들이 모인 게 클럽의 상품성을 높여 일반인이 모두 찾는 클럽이 되고, 전반적인 사람들의 유흥 시간이 아침까지 길어질 것이라고 상상한 사람은 많지 않았을 것이다.

아레나의 오픈 시간은 밤 12시다.
물론 사람이 차는 시간대는 아직 몇 시간이

남아 있지만, 이 무렵부터 아레나 앞에는 줄 서는 사람들을 발견할 수 있다. 이때 들어가 봐야 텅 비어 아무것도 없을 텐데 대체 어떤 이유에서일까? 입장 제한이 엄격하지 않고, 입장료를 내지 않는 무료 게스트 정책이 유효하기 때문이다. 피크 타임이 되면 입장료를 내고도 들어가지 못하고, 입뱅이 잦은 터라 아직 본격적인 영업을 시작하기 한참 전인 이 시간대에 미리 입장을 해 두는 것이다.

실제로 아레나는 영업을 맡은 MD가 여자 게스트를 출입시킬 때 소정의 인센티브를 지급하는데, 인센티브 금액은 시간과 크게 관련이 있기도 하다. 12시 30분까지 입장시키면 5천 원, 1시 30분까지 입장시키면 3천 원, 이후 피크 타임에는 인센티브가 없는 식이다. 이렇게 입장하는 인원이 반복되고 많아질수록 자연히 클럽의 인원은 가득 차게 되고, 피크 타임을 맞이하게 된다. 당연한 이야기지만 피크 타임이 된다고 돌연 분위기가 바뀌는 게 아니라 이런 방식으로 서서히 공간이 채워지면서 분위기가 무르익는다.

무료 게스트들이 입장한 뒤인 새벽 2시 무렵이면 아레나 앞 강남대로 어귀가 가득 찬다. 12시쯤 피크 타임을 찍은 다른 정 클럽에서 손님들이 빠지는 시간이다. 사실 초창기에는 그 손님들이 바로 아레나로 입장해, 이 시간부터 아레나의 피크 타임이 시작되기도 했다. 테이블 게스트들이 주문한 술을 오픈하고 놀기 시작하는 스타트 타임이 1시~1시 30분을 유지하는 것도 이때 생겨난 관습이다.

그러나 '아레나는 더 늦을수록 더 재밌다'는 소문이 점차 퍼지면서 사람들은 입장 시간을 늦추었고, 결과적으로 피크 타임 또한 늦어졌다. 한창 무르익을 때 가겠다는 심리가 집단적으로 확산되며, 마치 눈치 싸움을 하는 것처럼 모두가 늦게 가서 늦게 노는 결과가 나타난 것이다.

게다가 애프터 클럽 1위 자리를 노리는 클럽 버닝썬이 개업해 이 시간 손님을 일부 빼앗기도 했다. 여전히 아레나가 가장 늦게까지 놀고 최종적으로 들르는 클럽이기는 하지만, 정 클럽과 아레나 사이에 또 다른 놀거리가 생겨나자 아레나의 피크 타임은 뒤로 밀려났다. 물론 클럽을 자주 찾지 않는 이들이 드물게 클럽을 찾는 할로윈데이나 크리스마스에는 예전처럼 새벽 2시부터 피크 타임을 찍기도 한다. 이때 분위기는 마치 아레나 최전성기였던 2015~2016년을 연상하게 한다.

모쪼록 아레나의 피크 타임은 새벽 3~4시경이다. 이 시간은 정 클럽이 완전히 마감한 시간이자, 유흥업소에 일하는 사람들이 퇴근하는 시간대이기도 하다. 몇 시간 전 입장한 게스트들이 한껏 만취해서 분위기가 고조되는 모습도 보인다. 이때에는 더 이상 놀 수 있는 후보지가 아레나밖에 없기도 한 만큼, 늦은 시간임에도 불구하고 많은 사람들이 모인다. 시간이 늦어지면서 노는 절대 인구는 줄지만, 개중 놀고자 하는 사람들만큼은 모두 아레나로 집결한다. 그 수가 적지 않다 보니 입뱅 역시 필연적으로 엄격해진다. 남녀 관계와 성비가 중요한 클럽에서 여성 입장은 보통 수월한 편인데도, 이 시간대에 이르러서는 여성 또한 웬만하면 입장이 거절당하며, 남성은 테이블 게스트가 아니면 출입이 불가능할 지경이다.

새벽 5~6시에 이르면 분위기가 극에 달한다.

피크 타임 때 절정을 맞은 사람들이, 그 기운을 이후 한두 시간 내내 이어 간다. 또한 피크 타임에는 당시 분위기가 재밌어 굳이 나갈 생각을 안 하지만, 이 무렵이 되면 슬슬 나갈 준비를 해야 하는 만큼 막바지 힘을 내 더욱 적극적인 모습을 보인다. 지금이 가장 재밌고 좋다는 기분과 더불어, 지금 다 놀지 않으면 곧 끝날 거라는 불안감도 덩달아 엄습하기 때문이다. 한껏 취한 남자와 여자들이 한층 적극적이고 자극적으로 노는 걸 이때 볼 수 있다.

시계가 7시를 가리킬 즈음부터는 조금씩 정리가 시작된다. 빠진 테이블이 생겨나며 자리가 재배치되고, 업장 측에서도 마감을 서두르기 위해 지하 1층 힙합존 테이블을 아래층 일렉존 테이블로 옮길 것을 제안한다. 힙합존을 고수하던 사람들도 점차 사람들이 줄어듦에 따라 자리를 내릴 수밖에 없다. 양 공간에 사람들이 줄어드는 이 시점에는 모든 사람들을 일렉존으로 모으는 것이다. 최종 마감은 일렉존에서 이뤄진다.

　　동이 튼 아침 7~8시지만 불꽃과 함께 새로 개시하는 테이블도 종종 나타난다. 일반 사람들이 일상을 시작하는 아침에야 광질을 시작하는 사람들이 주문하는 술이다. 남은 시간에 과연 다 먹을 수 있을까 싶은 술들이 테이블로 들어온다. 때맞추어 스탠딩 게스트로 들어오는 사람들도 적지 않다. 이 시간에는 테이블을 잡지 않아도 사람들이 많이 빠져 크게 불편함이 없고, 만취한 사람들 틈바구니에 멀쩡한 몰골로 들어오는 장점이 있기 때문이다. 이들은 정말이지 유흥이라기보다는 습관처럼, 취미처럼 아레나를 찾는다.

　　힙합존이 마감하는 오전 9~10시 무렵이면 바깥 풍경과 완전히 대조되는 상황이 연출된다. 바깥에 해가 뜨고 사람들이 회사에 출근했다는 걸 상상할 수 없을 정도로, 일렉존에 모인 사람들은 가장 어두운 조명과 빠른 음악 속에서 광질을 지속한다. 안과 밖이 이렇게 다를 수 없다. 한참을 놀다가 다른 얼굴을 하고 오후 일을 가는 사람들도 있겠지만, 이미 다음날 일과가 시작된 이 시간에도 놀고 있는 사람들 대부분은 오늘과 내일이 뒤죽박죽일 수밖에 없다. 그렇게 광질이 지속되다가, 클럽 마감은 불현듯 음악이 꺼지고 조명이 켜지는 것으로 알려진다. 클럽 조명 아래 있던 사람들은 서로의 퀭한 눈과 퍼진 화장을 서로 바라보며 황급히 바깥으로 나간다.

04

아레나의 문화

음악

클럽에서 가장 중요한 요소는 단연 음악이다.

음악은 클럽의 분위기와 흥을 결정짓는 우선 조건이며, 따라서 여느 클럽들은 언제나 대외적으로 디제이 라인업을 광고한다. 음악을 듣기 위해 클럽에 가는 게 사실이었던 시절에는 디제이 라인업이 곧 클럽 성패를 좌우하기도 했다. 간혹 아레나의 디제이 라인업이 지적되는 까닭이 여기에 있다. 아레나는 유명 디제이를 섭외하기는커녕 모든 디제이에게 일률적인 스타일을 주문하고 있다. 색다르거나 다양한 음악이 아레나에서는 절대 나오지 않는다.

역설적이게도 유명 아티스트 섭외나 독특한 음악은 아레나 영업에 찬물을 끼얹기 때문이다. '음악을 들으러' 클럽을 가는 거라면 이 설명이 황당무계하게 여겨지겠지만, 아레나를 찾는 사람들의 욕구를 따져 보면 이는 당연한 설명이다. 아레나에서 음악은 집중의 대상이 아니라 사람들이 쉽게 놀기 위한 부차적인 도구여야 하기 때문이다.

예컨대 유명 아티스트가 공연을 할 때면 테이블에서 나오는 불만 토로가 종종 들려온다. 스탠딩 게스트들이 스테이지에만 집중하느라 그들이 예약한 테이블에 관심을 주기는커녕 앞에 지나가지조차 않기 때문이다. 이성끼리 주고받을 눈길을 빼앗아 가는 공연 무대는 결코 반가울 수가 없다. 테이블 게스트들은 공연을 편히 보는 걸 만족하기보다 스테이지에 머물러 있는 사람들을 불평하며 아티스트 공연이 빨리 마무리되기를 바란다.

실제로 아티스트가 공연을 할 때 머무는 사람들은 이후 클럽을 즐기는 사람들과 별개의 집단이기도 하다. 스테이지에 있던 사람들은 공연이 끝나기 무섭게 클럽을 나가 버리거나 이윽고 벌어지는 광질에 난색을 표하기 일쑤다. '음악을 들으러' 온 사람들과 '음악이 필요한' 사람들은 다른 범주로 봐야 마땅하다. 때때로 아티스트 섭외, 특이한 음악이 기존에 오지 않던 사람들을 유인하는 효과를 일으키기도 하지만 효과는 미미하며 딱히 중요하지 않다.

이런 이유로 아레나의 음악은 다른 관점에서 바라봐야 한다. 단지 좋은 음악을 재생하는 게 아니라, 사람들이 어울려 놀기에 좋은 파티 음악이 아레나의 음악을 정의한다. 바로 이게 아레나의 독보적인 스타일로 일컬어지기도 한다. 많은 사람들이 아레나의 분위기를 칭찬할 때 음악을 근거로 드는 이유다.

이른바 '광질하기 좋은 음악.'

아레나 음악에서 가장 큰 특징은 기승전결 없이 '결, 결, 결, 결'을 끝없이 유지하며 클라이맥스를 지속한다는 것이다. 처음 들어섰을 때 분위기에 적응하지 못하는 것도, 그리고 쉼 없이 몸을 움직이게 하는 것도 이러한 음악 스타일에 기반한다.

음악성에 집중하기보다는 정신없는 광질 음악 혹은 사람들과 놀기 좋은 파티 음악이 내내 재생된다. 그리고 이러한 특징은 아레나의 분위기를 거세게 하는 동시에, 음악의 맺고 끊음이 없기 때문에 사람들을 무시간성에 빠뜨리게 한다. 음악의 기능 중에는 트랙이 끝나고 시작하는 것으로 시간이 흘러가는 걸 알려 주는 것도 있는데, 이렇게 같은 톤의 음악을 강한 세기로만 틀다 보면 그것을 눈치 채기가 어려워지는 것이다.

호흡을 고른다거나 잠시라도 쉬어 가는 시간 없이 계속해서 달리고 놀 따름이다. 무시간성이 중요한 백화점에서 쾌활한 음악을 틀듯, 아레나는 쾌활하다 못해 정신을 놓게 하는 음악을 끊임없이 틀어 댄다. 햇빛을 차단한 지하 공간이 일상과의 격리를 목표했다면 계속 자극적으로 반복되는 음악은 개인이 느낄 수 있는 일말의 시간성마저 삭제시킨다.

물론 사정은 일렉존인지 힙합존인지에 따라서 크게 다르다. 일렉존은 속칭 '씹디엠'이라고 불릴 정도로 말 그대로 세고 빠른 음악을 틀어 대는 한편, 힙합존은 같은 분위기를 원하더라도 상대적으로 속도가 느리고 끈적하다.

음악의 속도를 측정하는 단위인 BPM을 비교했을 때, 일렉존은 약 130~140 정도, 힙합은 약 90~100 정도가 평균이다. 이러한 차이는 공간마다 노는 성격을 다르게 만들기도 한다. 페스티벌 성격을 띠는 EDM 음악 위주인 일렉존에서 사람들은 이야기를 하기보다 계속 술을 마시거나 뛰어노는 반면 가사가 있는 힙합 음악이 나오는 힙합존에서는 노래를 함께 따라 부르거나 춤을 따라 추며 자연스럽게 이야기로 나아가곤 한다.

따라서 별다른 공감대 없이 무작정 뛰어노는 경우가 많은 일렉존의 사람들은 비교적 나이대가 높은 30대 이상이 많은 한편, 보다 트렌디한 힙합존의 구성원은 연령층이 젊어 또래 사이의 공감대를 형성하기도 한다. 아레나를 찾는 사람들을 다루는 5장에서 자세히 이야기하겠지만 가난한 배우, 모델 지망생 들이 힙합존에 몰리고, 외모보다는 재력을 자랑하는 30대가 유독 일렉존을 고집하는 이유가 없지 않다.

하지만 아레나의 일렉존, 힙합존에서 나오는 음악 종류가 명확히 일렉트로닉 음악과 힙합 음악으로 구분되지는 않는다. 힙합존의 경우 오히려 상당한 비중으로 일렉트로닉 음악을 중간중간 믹스해, 힙합 음악만으로는 취할 수 없는 빠르고 드센 분위기를 도모한다.

클럽 아레나

힙합존에서 자주 나오는 음악 가운데 체인스모커스(The Chainsmokers)나 디제이 칼리드(DJ Khalid), 켈빈 해리스(Calvin Harris) 같은 뮤지션의 음악은 사실 힙합이 아니라 일렉트로닉 음악에 가깝고, 브루노 마스(Bruno Mars)나 크리스 브라운(Chris Brown) 같은 경우도 파티에서 자주 들리는 팝 뮤지션이다. 일렉존의 상황도 마찬가지인데 EDM 리믹스를 하되 힙합존에서도 나오는 파티 음악이나 가요가 종종 들린다.

여기에서 알 수 있는 사실은 아레나 음악 목록의 큰 특징은 대중들에게 유명한 음악 위주라는 점이다. 좋은 디제이의 자질에는 듣는 사람들에게 잘 알려지지 않은 새로운 음악을 찾아 믹스하는 능력도 포함되는데 아레나에서만큼은 생소하거나 새로운 음악이 나오는 경우는 극히 드물다. 3~4년 전 발표된 노래도 여전히 재생될뿐더러 신곡이 나온다고 해도 유명도를 따르기 일쑤다.

힙합존에서는 세계적으로 유명한 드레이크(Drake)나 켄드릭 라마(Kendrick Lamar), 카니예 웨스트(Kanye west), 대중적 인기를 끈 힙합 경연 프로그램인 〈쇼미더머니〉에서 나온 음악, 아니면 아예 아이돌 음악이 믹스되어 나오며, 일렉존에서는 역시 오래전부터 유행했던 티제이알(TJR)이나 스크릴렉스(Skrillex), 하드웰(Hardwell)의 음악을 아직까지도 틀고 있으며

심지어 한국 뮤지션 왁스의 2002년도 곡〈지하철을
타고〉같은 대중가요를 하루가 멀다 하고 재생한다.
그리고 이들 음악이 나올 때마다 더 미친 듯이
광질을 개시하는 사람들을 보면 이러한 음악 재생이
이유 있는 것으로 보인다.

　　계속해서 요란한 음악을 튼다고는 하지만
앞서 말한, 특히 유명해 귀에 익은 음악이 나올
때면 사람들은 기승전결의 결을 넘어서는 절정의
모습으로 놀기 바쁘다. 에드 시런(Ed Sheeran)의
〈셰이프 오브 유(Shape of You)〉처럼 특정 유명
노래가 나올 때면 환호를 지르고 '떼창'을 하는
모습은 일정한 풍습에 가까워 보일 정도다.

　　아레나에서 음악이란 단순히 감상하는
것이라기보다 사람들이 흥 맞춰 노는 도구로
사용되는 것이다.

　　이는 디제이의 역할 변화와도 관련이 있다.
과거에 음악을 듣기 위해 모인 클럽에서는 디제이가
주인공의 지위를 지녔고 스테이지는 공연장과 같은
성격을 띠곤 했는데, 오늘날 아레나에서 디제이의
지위는 전혀 그렇지 않다. 관심 받고자 하는 욕망은
테이블에 올라선 사람들과 같이 게스트들이 오히려
더 크게 가지고 있기 때문에, 디제이는 그들을
보조하는 역할로 존재해야 하는 것이다.

　　음악보다 더 크게 소리를 지르고 누구보다 큰
동작으로 춤을 추는 사람들이 단상마다 위치하고

있다. 그래서 아레나의 DJ는 사람들의 관심을 받는 대상이라기보다, 관심 받고 싶은 사람들의 여흥을 맞춰 주는 배경 음악 담당자 정도의 역할에 그친다.

이러한 음악 감상의 변화는 카니예 웨스트의 〈세인트 파블로 투어〉(2016)에서 차용되기도 했다. 이 투어 공연은 객석이 일방적으로 바라보는 무대를 설치하지 않고, 무대를 공중에 띄워 객석의 관람 양상 변화를 알린 바 있다. 여기에서 사람들은 무대를 올려다보는 틈틈이 각자의 셀카를 찍으며 저들끼리 따로 춤을 추고, 노래를 불렀다.

오늘날 사람들이 음악을 듣는 행위, 음악을 듣기 위해 어딘가를 방문한다는 사실에 대해 다시 생각해 볼 필요가 있다. 더 이상 음악성과 같은 실질적인 퀄리티 때문이 아니라, 사람들은 단지 일정한 상징성이나 분위기를 좇아 그곳에 모인다. 즉 어떤 디제이가 왔기 때문에 아레나를 찾는 게 아니라, 단지 '아레나'라는 장소가 '핫하다'고 합의되었기 때문에 막연히 아레나를 찾는 것이다.

사실 오늘날 대부분의 문화가 그런 식으로 형성되곤 한다. 맛집이든, 박물관이든, 책이든 사람들은 더 이상 구체적인 동기 때문이 아니라 사람들이 많이 가기 때문에, 대세라고 하기 때문에 그것을 이용하고 찾는다. 다 하니까 나도 해야 할 것 같고, 다 가니까 나도 가야 할 것 같은 애매모호한 분위기가 군중을 만들고, 브랜드를 형성한다.

각별한 취향이 정립되어서가 아니라, 삼삼오오 모이다가 만들어진 분위기가 사람들의 취향이 된다. 아레나의 인기 요인 가운데에는 이러한 상징성도 무시할 수 없다.

따라서 아레나에서 유별난 음악은 도리어 방해가 될 수 있다. '그냥' 가기 위해서는 예상을 벗어나지 않는 항상성이 중요하다. 음악이라는 구체적인 동기가 아니라, 그냥 가더라도 변함없이 놀 수 있는 게 아레나의 문화를 이루고 있다.

일탈을 향한 자신의 욕망이 가장 중요한 사람들은 음악과 같은 다른 요소가 돋보이는 걸 원하지 않는다. 음악이란 단지 그들이 평소처럼 '광질'하고 놀기에 좋은 배경 음악으로서만 기능하면 그뿐이다.

음량은 약 100에서 110데시벨 정도를 오간다. 생활 속 다른 소음과 비교하자면 시끄러운 공장이 돌아가는 소리보다도 더 큰 소리다. 웬만해선 말소리가 들리지 않아 가까이 대고 말해야 겨우 들리는 환경을 음악으로 조성하는 것이다.

음악의 리듬이 사람들의 심장 박동 수와 함께 감정을 조절한다면, 음악의 크기는 사람들의 소통 방식을 제어한다고 할 수 있다. 멀리서가 아니라 가까이서 말해야 하고, 가까이서 말하다 못해 서로 맞닿는 것이 당연하게 된다.

힙합존보다 약 5데시벨 정도가 더 높은

일렉존에서는 언어로 소통하는 것이 거의 불가능에 가깝다.

　이러한 이유로 인해 소통 방식 또한 달라진다. 일상적인 이야기를 하면서 호감을 쌓는 게 아니라, 일단 끌어안고 이야기를 하거나, 아니면 아무런 이야기 없이 이른바 몸으로 이야기를 한다. 사람들의 자연스러운 신체 접촉과 극단적인 대화는 아레나의 음악과 건축 공간과 같은 요소에 기반하고 있다.

춤

춤 역시 빠질 수 없는 문화 요소다.

술을 마시고 음악이 터져 나오는 클럽 공간에서 쭈뼛쭈뼛 서 있기보단 자연스러운 모습을 연출할 필요가 있으니, 이때 춤은 무척이나 적절한 행위다. 이런 탓에 한때는 유행하는 춤을 연습하는 경우도 다반사였다. 테크토닉, 셔플댄스, 떡춤 등 한때 클럽을 풍미하던 춤 스타일은 계보도를 그리며 당시 트렌드를 일러 준다.

하지만 아레나에서 '춤'이라는 낱말은 다소 어색하다.

툭하면 껴안거나 끌어당기고, 발을 구르며 뛰어다니는 몸동작은 흔히 말하는 춤과 다른 양상이다. 일명 '광질'이라고 불리는 이곳에서의 몸짓은 춤이라기보다 퍼포먼스라고 부르는 편이 알맞아 보인다.

넓은 스테이지를 활용하던 과거의 클럽과 사뭇 다른 아레나의 좁은 공간도 여기에 영향을 끼친다. 좁다란 통로에서 할 수 있는 몸짓이라거나 테이블 위에 올라가 출 수 있는 춤은 모두 공간적 영향을 받고 있다.

퍼포먼스는 추는 사람과 보는 사람이 분리되지 않을 뿐더러 현장성이나 우연성, 동시성, 일회성 같은 성질이 두드러지는 개념이다.

꼭 춤이 아니라 타인에게 잘 보이고자 연기하는 몸짓 또한 퍼포먼스로 바라볼 수 있다. 괜히 먹지도 않는 술잔을 입에 대고, 친구와 어깨동무하는 척 다른 이성에게 다가가는 등 사소한 행위 모두가 퍼포먼스의 일환으로 보인다. 주체적으로 춤을 추기보다 타인에게 보여지는 시선을 의식해 인위적인 동작을 취하는 것이기 때문이다.

이 관점에 동의한다면 동작의 크기와 무관하게 사람들의 행동은 모두 퍼포먼스적이라고 볼 수 있다. 도도하게 걸어가는 사람들 면면도 결국은 남들에게 잘 보이고자 계산된 연기이며 퍼포먼스다.

퍼포먼스에 관한 저서인 『수행성의 미학(Asthetik des Performativen)』에서 에리카 피셔-리히테(Erika Fischer-Lichte)는 퍼포먼스의 성질을 두 가지로 요약한다.

연극성(演劇性)과 제의성(祭儀性).

이를 아레나에서 일어나는 사람들의 행동에 그대로 대입해 볼 수 있다. 타인에게 잘 보이고자 하는 의도는 결국 관객을 의식하는 공연의 성질과 다르지 않으며, 아레나라는 특정 시공간에 들어설 때 변신하는 모습은 제의적인 성질을 고스란히 보여 준다. 아레나에서 사람들의 행동거지는 넓은 의미에서 모두 퍼포먼스라고 볼 수 있는 것이다.

광질 속에서 제의성을 떠올리고, 의식적인 멋진 척과 예쁜 척 속에서 연극성을 관찰할 수 있다.

멍 때리는 사람, 도도하게 지나가는 사람, 어떻게든 말을 걸려는 사람, 미쳐 날뛰는 사람….

태도는 모두 다르지만 본질은 비스름하다.

춤은 음악과 밀접하게 연동되어 있다. 따라서 힙합존과 일렉존에서 보이는 춤의 양상은 큰 차이를 갖는다.

일렉트로닉 음악은 주로 야외 페스티벌에서도 들을 수 있는 것들인데, 이것을 듣는 일렉존의 사람들은 야외에서 뛰어놀 듯 율동 없이 방방 뛴다. 발을 구르며 리듬을 타다가 유명한 노래가 나오면 방아깨비처럼 더 격렬하게 리듬을 타는 모습이다.

훨씬 어둡고 빠른 리듬의 분위기 탓에 제의적인 측면이 더 강하다. 사람들은 신들린 것처럼 스텝을 밟고, 안하무인으로 몸을 움직인다. 누구도 신경 쓰지 않는 듯 '광질'을 하면서, 동시에 다른 사람들에게 접근하는 것도 인상적이다. 끊임없이 스텝을 밟고 몸을 흔들면서 동시에 주변 이성들을 향하고 끌어당긴다. 딱히 잘 보이려고 하는 태도보다는 자기가 얼마나 미쳤고 잘 노는지 보여 주는 게 관건이다. 아무래도 일렉존의 퍼포먼스는 힙합존보다 훨씬 육체적이고 즉흥적이다.

비트 위주의 음악인 일렉존과 달리, 힙합존은

따라 부를 수 있는 가사가 있어 거기에 맞춰 춤을 춘다. 또한 일렉트로닉 음악에는 음악과 관련 있는 특정 춤이 없는 것과 달리, 힙합 음악에는 직접 관련된 춤이 많아 제대로 된 춤을 추는 사람들도 곳곳에서 보인다. 힙합존 내에 어느 정도 여유 공간이 있는 골목에서는 스트리트 댄스 장르인 크럼프나 힙합 댄스를 추는 사람들을 발견할 수 있다.

상대적으로 느리고 끈적한 분위기다 보니, 마냥 몸을 털어 대는 것보단 표정이나 손짓 등 구체적인 몸동작이 돋보이기도 한다.

안하무인으로 '관절을 터는' 일렉존과 달리, 힙합존에서는 관중을 염두에 두는 만큼 한층 연극적인 측면도 강하게 엿보인다. 마치 어떤 힙합 가수에 빙의하여 공연을 하는 듯한 사람들이 종종 보인다. 그들은 음악에 맞추어 지휘를 한다거나, 새로운 멋이 있다는 듯 괴상망측한 몸동작을 취하며 같이 온 친구들과 낄낄댄다. 강한 자의식을 가지고 유행과 음악과 춤을 선도하는 사람이 되어 주변 남녀를 의식하고 모종의 연기를 하는 것이다.

연극성은 가만히 있는 사람들 혹은 무관심하게 쌩 하고 지나가는 사람들에게서 더 나타난다. 기껏 와서는 핸드폰만 쳐다보고 제 할 일만 하는 이들을 볼 때면 대체 왜 클럽에 왔나 싶지만, 살펴보면 수많은 사람들 사이에서 차분히 있는 그들이야말로 타인의 시선을 예민하게 느끼고 반응한다. 이들은 튀는 행동을 하는 대신에 다른 방식으로 사람들의 눈에 띄려고 한다.

시시각각 셀카를 찍고 있는 것처럼 눈을 동그랗게 뜨고 도도한 표정을 짓거나, 크롭티 아래에 드러난 뱃살을 감추려 힘을 줘 체형을 연출한다. 가만히 서 있는 사람들은 키가 커 보이도록 까치발을 벽에 기대기도 하며, 쌩 하고 지나가는 사람들 역시 '너희들과 난 다르다'는 걸 표출하는 듯한 표정을 고수한다.

놀러 왔으면서 억지로 끌려 나온 듯한 행색이 꼭 파파라치 앞을 지나가는 인기 스타 같다. 방식이 어떻건 클럽을 찾은 사람들은 하나같이 타인에게 잘 보이기 위해 부단히 노력한다.

아레나에서 퍼포먼스는 수많은 사람들의 시선을 의식하게 한다.

클럽에서 노는 사람들은 단지 춤을 추는 '하는 자'에 그치지 않고, 수많은 관계와 영향을 주고받는 '겪는 자'로서 퍼포먼스를 벌인다. 남들에게 어떻게 보이는지와 남들을 어떻게 볼 것인지가 계속해서 중요하다. 큰 광질부터 작은 표정 변화까지 하나의 퍼포먼스로 본다면 아레나의 율동과 연기는 정말이지 다양하다. 물론 우리는 일상 속에서도 마찬가지로 타인에게 잘 보이려 노력하고 스스로를

클럽 아레나

연기한다. 하지만 아레나라는 외모 지상주의와 일탈
문화가 지배하는 공간에서 이 성질은 극대화된다.
오로지 보이는 게 전부인 이곳에서 사람들은 더욱
능동적이고 본능적으로 움직인다. 사람들은 일상과
전혀 다른 새로운 가면을 쓰고, 자신의 모습을
전적으로 꾸며 낸다.

패션

역사적으로 패션은 파티 문화와 함께 발전해 온 산업이다. 옷은 타인에게 잘 보이고자 하는 욕망을 통해 패션으로 진화했고, 타인과의 교류가 목적인 파티에서 패션은 떼려야 뗄 수 없는 문화이기 때문이다. 오늘날 파티에서 디제이 주위로 음악과 춤을 핑계 삼아 사람들이 모이듯, 오래전 과거에도 사람들은 피아노나 바이올린 연주자 곁에 모여 자기 과시적 목적으로 예술과 교양에 관해 이야기하곤 했다. 오랜 시간이 지난 지금, 우리는 지난 역사 중에서 예술작품을 순수하게 이야기하곤 하지만, 당시 그것을 둘러싼 배경이란 사실 클럽과 크게 다르지 않는 욕망에 기반한 살롱 문화였다.

클럽에 가는 사람들은 하나같이 '뭐 입고 가지'를 고민한다.

남들에게 잘 보이는 데에 있어 몸 위에 바로 걸치는 복장만큼 확실한 노력이 없으며 입장을 제한할 때 가드가 하는 말이 '저희와 스타일이 맞지 않으십니다'니 신경을 안 쓸래야 안 쓸 수 없다.

더욱이 클럽이라는 일탈 공간에 걸맞은 TPO(Time, Place, Occasion)는 평소 고려할 일 없는 종류인 만큼 고르기가 쉽지 않다. 예쁘고 멋진 옷이어야 마땅하지만, 담배 냄새에 찌들고 술이 묻어도 상관없어야 한다는 양가적인 속성도 고려해야 한다. 놀다 밟힌 신발은 얼룩이 지워지지 않고, 온갖 화장품이 묻은 옷은 세탁소에 맡겨도 원상 복구가 어렵다.

클럽 안에서 추구하는 예쁘고 멋진 옷의 추세도 달라졌다.

예전 정 클럽 때처럼 머리부터 발끝까지 힘주어 잘 차려 입은 복장으로 오는 경우는 드물다. 몇 년 전까지만 해도 여자들은 속칭 '홀복'을 입고 남자들은 정장을 빼입었는데, 요즘에는 그러한 복장은 찾아보기 어려우며, 쓸데없는 멋 부림으로 조롱당하기까지 한다. 잘 보이려는 건 매한가지지만, 티 나게 많이 꾸미면 '잘 보이려고 별짓을 다한다'고 비아냥대기 일쑤다. 언젠가부터 우리 사회에서 병적으로 중요해진 '쿨한' 태도가 요구되기 때문이다.

괜한 멋을 부리기보다는 쿨한 태도를 보여 주는 게 더 힙하고 멋져 보이는 것으로 미의 기준이 바뀌었다.

'대충 꾸민다'는 어울리지 않는 두 단어가 모여 오늘날의 멋을 정의한다. 모두가 남들에게 잘 보이고 누굴 만나고 싶어 하는 속내는 똑같지만, 표면적으로는 욕망을 추스려 약간의 이미지 연기를 요구한다. 사람들은 기껏 화장을 다 해 놓고 마스크를 쓰고, 머리 손질을 받고서도 모자를 쓴다. 잘 보이고 싶으면서 아닌 척, 무지 신경 썼으면서 막입은 척하는 것이다.

클럽 가는 게 대단한 일이라 여기는 사람들은 여전히 신경 써 멋내 보곤 하지만, 소위 말하는 클럽 분위기를 좀 아는 사람들이 많이 모이는 아레나에서 그런 차림은 잘 보이지 않는다.

재생되는 음악과의 연관성도 존재한다.

지하 1층의 힙합 음악은 하나의 문화로서 쿨하고 힙한 복장 문화의 시발점이었으며, 지하 2층에서 광질을 위해 틀어 대는 일렉트로닉 음악은 무엇보다 편의성을 중시하게 했다. 어설프지 않고 클럽에서 '논다'는 인상을 주기 위해서라도 옷차림을 간편하게 할 필요가 생겨난 것이다. 꽉 끼는 홀복과 정장 차림으로는 이곳의 음악이나 춤에 어울리기는커녕 마냥 서 있을 수밖에 없는 노릇이다. 간단한 춤을 추거나 서서 대화를 나누는 게 전부였던 과거의 클럽과는 여러모로 달라졌다.

그럼에도 비싼 옷을 자랑해야 하고, 잘 보이고 싶은 욕망을 마냥 감출 수는 없는 법. 그리하여 쿨해 보이고 놀기 좋은 옷이되, 비싸고 좋은 옷이라는 걸 과시할 수 있는 옷이 유행한다.

아레나 초창기부터 지금까지도 여전히 많이 보이는 브랜드는 '오프화이트(Off White)'다. 언젠가부터 '클럽 브랜드' '논현동 브랜드' 같은 별칭까지 얻은 오프화이트의 특징은 편한

스트리트웨어(streetwear)이되 브랜드 로고와 심볼을 큼지막하게 내세우는 '로고 플레이'다.

　　이 브랜드는 스트리트 브랜드로서 아레나의 추세에 무엇보다 알맞았으며, 가격대 높은 하이엔드(high end) 브랜드인 까닭에 '비싼 걸' 보여 줘야 하는 소비 심리에도 적합했다.

　　오프화이트의 창립자인 버질 아블로(Virgil Abloh)는 전통 있는 럭셔리 브랜드인 루이비통의 크리에이티브 디렉터로 발탁되어 오늘날 '명품'의 새로운 개념을 정립하고 있기도 하다. 이전처럼 화려하고 우아한 디자인이 아니라 힙스터 위주의 쿨한 디자인으로 말이다. 동네에서 편히 입을 법한 옷차림을 통해 사람들의 '쿨하고' 싶은 심리를 자극했으며 이를 위배하지 않는 과시하는 심리를 로고 플레이로서 조종했다.

　　가타부타 말은 많지만 럭셔리 산업의 유명 종사자로서 버질 아블로는 럭셔리의 본질, 즉 사람들이 욕망하는 바를 꿰뚫었던 것이다. 비싸고 유명한 옷이 어느 곳보다 먼저 유행하는 클럽에서 일련의 트렌드는 당연한 것이 되었다.

　　이러한 명품의 맥락을 포착한 건 여타 럭셔리 브랜드도 마찬가지였다. 루이비통이 버질 아블로를 영입하기에 앞서, 발렌시아가와 구찌 같은 럭셔리 브랜드 역시 이 추세에 가세했다. 전통 있는 럭셔리 브랜드인 이들은 발 빠르게 스트리트웨어를 접목해 자신의 브랜드를 이용한 로고 플레이를 유행시켰다.
훨씬 비싼 가격대지만 결코 빼입은 느낌이 아니라는
점에서 이들 브랜드는 클럽에서 크게 유행할 수
있었다.

클럽 곳곳에서 'BALENCIAGA'나 'GUCCI'
글자가 새겨진 아이템이 보인다. 별다른 디자인
없이 로고만 달렸다는 이유로 50만 원인 모자, 100만
원짜리 신발과 티셔츠, 200만 원짜리 재킷 등….

처음 이런 아이템들이 발매됐을 때
인터넷에서는 '브랜드 빨' 아니냐며 해당 패션을
조롱하기 일쑤였지만, 역설적으로 '브랜드 빨'이
패션의 값어치를 한다는 것을 아는 사람들에게는
필히 사야 할 대상이었다. 비싸면 디테일이 많고
한껏 예뻐야 한다는 세간의 인식과는 전혀 다른 선택
조건이 작용했기 때문이다.

어두컴컴한 조명 아래서 로고 플레이만큼
강력한 디자인이 없었고, 그만큼 쿨한 패션이
없었다. 클럽에서 유행하는 옷들은 깊이 볼 것 없이
'나 100만 원이야' '나 브랜드야'를 외친다.

별다른 디테일도 없는 고가의 옷을 스스럼없이
소비하는 패션 문화는 클럽 문화와 짝을 이뤄 여러
시사점을 던진다. 상품 자체의 영속적인 가치를
고려하기보다는 일시적일지언정 당장 뽐낼 수
있는 패션을 위해 쉽게 지갑을 여는 모습을 통해서

말이다. 테이블을 잡거나 술을 사 먹는 것과
마찬가지로 트렌디한 패션 또한 일시적 소비재로서
사람들의 소비 대상이 되어 버린 것이다.

과거 소비의 미덕이 미래지향적이었다면
오늘날 '욜로(Yolo)'로 대표되는 소비문화는
현재지향적이며, 나아가 클럽 문화에서는 그것마저
넘어서는 순간 지향성이 엿보인다. 단지 지금 당장
타인에게 보이는 것이 옷이기 때문에, 또 자동차이기
때문에 해당 물건을 무리해 사는 경우가 많다.

물론 유흥비와 함께 전반적인 소비 수준을
맞추는 사람들도 있겠지만, 사실 한 달 벌어
테이블을 잡고, 한 달 벌어 옷을 사는 사람들이 적지
않다. 아무리 비싼 옷이더라도 집이나 자동차에
비하면 가격대가 낮으니, 돈이 많지 않아도 명품에
접근하는 사람들이 갈수록 늘어나는 것이다.
온갖 비싼 브랜드로 무장한 클러버들에게는 카
푸어나 하우스 푸어를 넘어서, 클럽 푸어 혹은 패션
푸어라는 말이 덧붙기도 한다. 겨우 돈 모아 클럽
테이블을 예약하고, 빚을 져 명품을 사는 사람들이
적지 않다.

앞서 소개한 인물인 버질 아블로는 이러한
상황에 대응해 특이한 전략을 제시하기도 했다.
단지 돈으로 명품 패션을 선택할 수 있게 했다가는
그러한 욕망이 다소 안일해질 수 있다고 판단해,
돈을 줘도 못 사는 '추첨(the draw)' 시스템을 도입한 것이다. 제한된 시간 내에 특정 상품을 구매할 것을 응모한 후 당첨이 되어야 구매 권한을 가질 수 있는 시스템이다.

　　브랜드 측에서 가격대를 일방적으로 높일 수는 없으나 추첨 이후 사람들의 되팔기로 인해 상품의 가격이 천정부지로 치솟았고, 그럴수록 해당 명품에 대한 욕망 역시도 가열됐다. 클럽을 다니는 수많은 욜로들의 욕망과 소비 풍습이 명품의 개념과 패션 문화에도 영향을 미친 셈이다.

　　아레나라는 속물적인 공간에서 어마어마한 돈을 써 대는 사람들과 돈이 아닌 외모나 또 다른 속물적 가치를 가지고 그들과 어울리는 각축전이 벌어지고 있다.

술

아레나의 분위기는 각 문화적 요소가 총체적으로
어우러진 결과물이다. 춤과 음악, 패션은 물론
사람들의 표정과 눈빛까지 모든 게 종합되어 있다.
그리고 이 모두를 지탱하는 건 술이다.

취기는 일탈을 가능하게 해 주는 원동력이자 그
안에서의 행동을 변명해 주는 빌미가 되어 준다. 즉
술은 사람을 취하게 해 정말 다른 사람으로 만들기도
하지만 이 기능에 근거하여 '취해서 그렇다'는
알리바이를 부여해 주는 문화적 코드이기도 한
것이다. 그래서 아레나에서 사람들은 실제로 얼마나
취했느냐와 상관없이 상호 간 취기를 전제하곤 한다.
제정신이 아니라는 점을 부각하고 설명하기에 술은
적절한 도구이다.

정말이지 술은 아레나 곳곳에서 이용된다.
테이블 비딩도 술값으로 계산하고, 누군가에게
말을 걸 때에도 '술 한 잔'을 이야기하며, 할 일 없을
때 술을 홀짝대기도 한다. 일상에서 '밥'이 웬만한
사회적 소통을 함의하듯 클럽에서 '술'이 갖는
의미란 다방면에 걸쳐 있다.

실질적인 행동에 있어서도 술은 중요한 역할을
한다.

테이블 게스트들은 '술 먹자'는 핑계로 사람들을
끌어올리고, 아니면 이를 생략한 채 말도 걸기 전에

술을 건넨다. 스탠딩 게스트에게도 술은 소중하다. 막연히 춤을 추고 말을 걸기에는 양손이 어색하니 마치 소품처럼 술을 손에 쥐고 돌아다닌다. 스탠딩 게스트들이 술 한 잔을 몇 시간째 들고 다니며 조금씩 나눠 먹는 건 대단한 재주에 가까워 보일 정도다. 이런 소품을 핑계 삼아, 겨우 입만 댔으면서 잔뜩 술에 취한 척 곧잘 옆 사람들에게 추근대고 막무가내 연기를 하기도 한다. 취했으니 그럴 수 있다고 자기 자신을 합리화하는 것이다.

아레나에서 노는 사람들은 모두가 제정신 아닌 듯 보이지만 어쩌면 누구보다 이성적으로 제정신이 아닌 척하는 코스프레를 하고 있는지도 모른다.

술을 정말 취하는 용도로 사용하는 경우도 없지 않다. 술에 취해서 잠들거나 쓰러지고, 밖에 끌려가는 사람들도 시시각각 나타난다. 그러나 대부분은 스스로 마셔서 그렇게 되었다기보다 다른 누군가가 '먹여서' 취한 경우다.

기껏 찾은 클럽에서 어느 누가 취해서 정신을 잃고 싶을까? 터무니없이 비싼 클럽 내 술은 단지 놀기 위한 소품일뿐더러, 취했다가는 사람들 사이에서 낭패를 볼 위험성도 있는 클럽 공간이다. 따라서 대부분은 친구끼리 서로 과한 장난을 치다 만취했거나, 남성 테이블 게스트에게 이끌려 술을 마시게 된 여성들이 의지와 무관하게 정신을 잃는다.

술을 먹고 먹이는 게 의례적이다 보니, 어떤

클럽 아레나

사람들은 재미 삼아서 누군가를 취하게 만들려 한다. 정서와 욕구의 장애물인 이성을 해치우기 위해 술을 이용하기 일쑤다. 취하는 걸 즐기느라 그렇기도 하지만 강한 목적성을 띠는 경우도 많다. 술에 취해 심신이 미약해진 상대에게 의도를 품고 접근하는 것이다. 심지어 술에 약을 타는 사건도 몇 차례 적발된 바 있다. 아무리 일탈 행위라지만 상대를 제정신 아닌 모습으로 만들면서까지 제 마음대로 하고자 하는 범법행위다.

취하지 않는 술도 있다. 비싼 돈 주고 산 술을 아끼고자, 시킨 술을 음료수 공병에 덜어 두고 술병에는 다른 음료를 채워 넣어 두면서 그런 술이 만들어지는 것이다. 술을 시킨 테이블 게스트들은 무한정 나오는 음료를 받아, 한정된 술을 아끼고자 이렇게 술을 빼두거나 섞어둔다. 약간의 술과 어마어마한 오렌지 주스, 에너지 드링크, 사이다가 뒤섞인 이상한 음료수 제조다. 일부 고액 테이블이야 술이 남아돌지만 그 외 대부분의 테이블은 이런 방식으로 술을 섞어 사용해야 노는 시간 동안 술이 모자라지 않을 수 있다.

　　우스운 점은 술 원액이 얼마나 섞였는지는 정말로 중요하지 않다는 것이다. 어차피 다른 곳에서 술을 마시고 왔거나 술 마신 기분 정도만 내려는 거라서, 대부분은 서로 컵을 부딪쳐 '짠'을 하는 요식 행위와 목 넘김만 있으면 알코올 농도는 크게 중요히 여기지 않는다. 온갖 음료가 뒤섞인 걸 먹고 술이 세다며 불평하고 완전히 주스뿐인 걸 마시고서 술이 맛있다며 칭찬한다. 때로 술을 마음껏 시킨 일렉존의 '아저씨' 테이블에서 술을 양껏 얻어먹은 다음, 취기가 오르고 나면 이동해 술이 적은 다른 게스트들과 어울리는 경우도 있다.

　예외도 있다. 테이블에 놓인 술을 바탕으로 사람들의 재산을 추측해 보기도 하는 것이다. 테이블 위치에 따른 비딩 액수를 토대로 테이블마다 계급을 나누듯, 테이블에 놓인 술을 가지고서 그들의 부를 계산하는 사람들이 있다. 아레나에서 판매하는 술값이 보통 저렴한 게 아니니 술도 하나의 재산처럼 주문자의 부(富)를 말해 주기 때문이다.

　가령 4개 바틀을 시킨 테이블이면 '한 사람당 25만 원 정도를 썼겠구나', 돔페리뇽이 있는 테이블이면 '40만 원 정도를 썼겠구나' 하고 파악한다. 입은 옷 브랜드를 보고 그 사람의 재산을 추측하듯 말이다. 물론 일련의 소비는 지극히 일시적이고 제한적이어서, 그것이 말해 주는 건 한계가 있을 수밖에 없다. 돈이 많다고 많은 술을 시켰을 거라는 추정은 너무나 일차원적이다. 그렇지만 '돈이 많다, 적다'가 아니라 '돈을 쉽게 쓴다'를 주안점으로 본다면 얼마든지 중요한 기준이 되기도 한다. '내가 기분을 맞춰 주면 내게 돈을

얼마만큼 쓰겠구나' 하는 마음으로 접근하는
사람들도 적지 않다.

　　돈을 중시하는 사람들이 의도적으로 고액
테이블에 접근하는 한편, 돈 자랑을 중요한 보람으로
여기는 사람들 스스로가 비싼 술을 주문하기도 한다.
분명한 목적이 있어서가 아니라, 단지 사람들에게
으스대는 용도로서 술을 사용하는 것이다. 이들은
샴페인걸이 화려한 조명과 함께 술을 가져오는
과정과 더불어, 자기 자리에 꽤 비싸고 화려한 술이 차
있어야 자존감이 생긴다고 생각한다. 술과 얼음,
기타 음료를 담은 버킷 안의 '바틀' 개수에 따라
자존감과 자신감이 좌우된다는 물질주의다.

　　꾸미기를 중시하는 클럽에서 명품은 수도 없이
많지만, 술이야말로 가장 강력한 사치품으로 보인다.
자기 재산을 과시하는 '사(奢)'로서, 그리고 여럿이
먹을 것을 저 혼자 써버리는 '치(侈)'로서 술은
곳곳에서 주문된다. 자신을 크게 보이려고 한다는
뜻으로 만들어진 '사치할 사'와, 물건을 과도하게 많이
쌓아두는 모습을 형상화한 '사치할 치'가 모여
만들어진 '사치품'은 역사적으로 언제나 부도덕한
것으로 경계되어 왔으나, 윤리에 앞서 욕망을
우선시하는 클럽 내에서 사치품으로서의 술은 최고의
자랑거리가 된다. 결국 이들이 주문하는 고액의 술이나
허전한 손을 달래려 들고 있는 스탠딩 게스트의 술은
같은 목적을 갖는 소품이겠지만 말이다.

05

사람들

테이블 게스트

아레나를 찾는 사람들은 크게 테이블 게스트와 스탠딩 게스트로 나눌 수 있다. 지불 액수가 크게 차이 나는 만큼 양 집단은 행동 양식과 마음가짐이 사뭇 다르다. 적게는 10만 원대부터 많게는 수백만 원 이상을 지불하는 테이블 게스트의 특징은 어떤 게 있을까?

대부분 남성인 테이블 게스트들은 상대하는 스탠딩 게스트가 남성인지 여성인지에 따라 차이가 있다. 우선 동성일 경우에 테이블 게스트는 돈을 내지 않은 스탠딩 게스트를 지레 무시한다. 돈을 전혀 내지 않은 스탠딩 게스트들 또한 한 공간을 점유하며 같은 이성을 노리고 있으니, 테이블 게스트는 어떻게든 스탠딩 게스트와 차별화해야 자신들의 비딩이 정당화된다. 어차피 테이블을 잡는 건 대부분이 남성이고, 잡는 이유는 다른 이유보다도 여성 스탠딩 게스트를 대할 때 상대적 우위를 갖고자 하는 목적이 대부분이기 때문이다.

그들은 테이블 위에 올라가 좁은 통로에 기대어 있는 스탠딩 게스트들을 배타화하고 때로는 가드를 고용해 테이블 주변을 지키게 한다. 최소 300만 원 이상은 지불해야 가드를 쓸 수 있으니 이는 다른 저액 테이블과 자신의 고액 테이블을 차별화하는 것이기도 하다. 심지어 스탠딩 게스트들에게

'거지새끼'와 같은 말을 서슴없이 내뱉는 때도 있다.

'나는 오늘 돈을 냈다'는 사실이 금세 특권 의식이 되어 순식간에 갑을관계를 상정해 갑질 심리까지 나아가는 것이다. 돈을 냈다는 이유만으로 무언가를 대우받으려 하고, 남들과 선을 그으려고 하는 천민자본주의적인 태도는 클럽이 운영되는 이 몇 시간 동안 극단적으로 엿볼 수 있다. '돈'을 가지고 경쟁자를 누르고 권력 관계를 나누는 건 사회에서 드물지 않은 일이다.

여성 스탠딩 게스트가 상대일 때에는 어떠할까? 이 경우 테이블을 잡기 위해 지불한 금액은 여성을 만나겠다는 욕망을 보상 심리처럼 자극한다. 지불한 금액은 표면적으로 테이블을 잡고 술을 주문한 게 전부이지만, 사실 본질적인 이유는 여자를 만나는 것이기 때문이다.

즉 '돈을 내고 테이블을 잡았으니 (여자를 만나야 해)'에서 괄호는 금세 빗장 풀리고, '돈을 냈으니 여자를 만나야 해'가 되는 셈이다.

클럽에 입장해 시간이 꽤 지났을 무렵의 테이블 게스트들 표정이 이를 말해 준다. '돈을 날렸다'는 허망한 표정부터 그래도 '어떻게든 해 보자'는 우악스런 표정까지. 그러면서도 어떻게든 이성을 만나고자 하는 모습이 때로는 폭력적인 모습으로 나타나기도 한다. 주문한 서비스를 찾는 것처럼 자신을 따라오지 않는 여성에게 욕을 내뱉고, 힘을 써 끌어당기는 것이다.

　이들은 마치 성매매를 하는 것처럼 테이블을 예약한 금액과 성매매 가격을 비교하고, 자신이 오늘 지불한 금액과 사용한 시간을 곱씹는다. 이 돈이면 무슨 업소를 가는데, 이 정도 수질이면 그 업소보다 못한 서비스인데 하고 말이다.

　'놀기 위해' 온 클럽이고 더 편히 놀기 위해 테이블을 예약했다지만, 다른 것을 바라는 이상 자유로울 수 없다. 사실상 테이블 게스트는 돈을 지불했다는 사실에 대한 또 다른 부담을 떠안기 마련이다.

이러한 부담에 아랑곳하지 않는 사람들도 존재한다. 흔히 유흥이라고 일컫는 일이 제 직업이자 일상인 사람들에게는 일반인만큼이나 일탈에 대한 기대와 부담이 크지 않다. 직장 스트레스를 견디고 아레나로 놀러 온 사람들과 다른 유흥 시설에서 일하다 온 사람들이 아레나를 찾는 건 대조적일 수밖에 없다. 이들은 '노는 게 질린다'는 말이 거짓이란 걸 증명이라도 하듯, 노는 일을 하고도 또 놀러 온다. 이들은 큰돈을 손쉽게 소비하고, 남 눈치에 아랑곳하지 않고 전문적으로 광질을 개시한다.

　불법적인 벌이로 남아도는 현금을 처리하고자 클럽을 찾는 사람들도 있다. 불법 도박이나 성매매 등 장부에 남지 않는 현금 장사를 하는 사람들이 쉽게 현금을 쓰는 것이다. 사실 버는 액수와 상관없이 이 정도로 돈을 쓰는 건, 이렇게 쓸 수밖에 없는 돈을 쉽게 번 탓도 크다. 어쨌거나 클럽은 그들의 유사 업종으로서 좋은 상대가 되어 주며, 클럽 또한 현금을 받아 탈세를 하는 등 이익을 높인다.

자비를 내지 않고 테이블을 사용하는 사람들도 있다. 일명 '서비스 테이블'이라고 해서 비어 있는 테이블을 무료로 사용하는 사람들이다. 적은 가격은 아니지만 업장 측에서는 당연한 결정이다. '비어 있는 테이블'은 단지 안 팔렸다는 의미를 넘어, '이 클럽 장사가 안 된다'는 뜻을 즉각적으로 드러내며 클럽 분위기에도 영향을 끼치는 요건이기 때문이다.

클럽 측에서는 좋은 '수질'을 담보할 수 있는 여성 게스트들에게 테이블을 마련해 준다. 특히 아레나는 이를 적극적인 마케팅 수단으로 삼기도 했다. 개업 초기 클럽 수질을 끌어올리기 위해 마냥 테이블을 파는 것이 아니라, 판매를 안 하고서라도 서비스 테이블을 많이 내줬던 것이다. 아레나는 많은 게스트를 초대해 '물이 좋다'는 이미지를 금세 만들 수 있었다. 이들은 아무래도 무료로 테이블을 받은 만큼, 다른 테이블처럼 욕심껏 놀기보다는 자리를 지키며 분위기를 끌어올리는 데 도움을 준다.

간혹 돈을 받으면서 테이블에서 노는 사람들도 있다. 무료로 노는 것도 모자라 '놀아 주는 일'을 노동으로 취급해 이에 상응하는 대가를 받는 것이다. 아레나 업장보다는 다른 유흥업소와 관계된 일이다. 그곳에서 넘어온 손님들이 테이블을 잡아 심심하지 않도록 에스코트 명목으로 '놀아 주는 사람'을 고용한 것이다. 조건이야 여러 가지겠지만 이 중에는 단순히 테이블 위에서 춤추고 흥을 북돋아 주는 노동이 전부인 경우도 많다. 사회에서 볼 수 있는 여러 관계가 모조리 생략되고 오직 '돈'으로 치환되어 맺어지는 모습이다.

그렇다면 직접 돈을 내고 테이블을 잡는 사람들은 어떤 이들일까?

가뜩이나 비싼 주대인 데다 돈을 생각하지 않고 흥청망청 노는 듯한 모습 때문에 더욱 궁금증을 자아낸다. 하지만 이 중에는 하룻밤 노는 데 수십만 원이 아깝지 않은 사람뿐 아니라, 간신히 돈을 모아 테이블을 예약하는 사람도 적지 않다. 유흥 문화는 함부로 소비하는 게 전부라고 여겨지지만, 이 부류는 그것을 목적으로 두고 가성비까지 고려한다. 모든 소비가 그렇듯 돈이 많아서 돈을 많이 쓰는 게 아니라, 소비 분배는 개인의 우선 가치에 따라서 결정된다.

테이블을 잡는 금액이 적지 않기 때문에 '조각'이 성행하기도 한다. 기존 지인끼리가 아닌 인터넷 커뮤니티를 통해 모르는 이들과 테이블을 함께 예약하는 것이다. 수백만 원을 호가하는 테이블을 잡으려면 보통 4~6명 정도가 갹출하는데, 이러한 취미를 공유하고 소비를 함께할 수 있는 지인이 주변에 매번 있기는 어렵기 때문이다.

'조각'이라는 말은 모든 단발성 모임에 통용되지만, 아무래도 적지 않은 돈이 걸려 있는 테이블 게스트 중 특히 많이 찾아볼 수 있다. 스탠딩 게스트는 멋쩍음과 심심함 때문에 조각을 꾸리고, 테이블 게스트는 돈과 자리를 공유하기 위해 필수적으로 조각을 찾는다.

조각이 부정적으로 보일 때도 있다. 말 그대로 돈만 나누어 냈을 뿐 외양과 성격이 모두 달라 누가 봐도 조각처럼 보일 때다. 합리적인 모임이지만 '돈 때문에' 모였다는 인상을 지울 수 없고, 다른 사람들과 놀기에 서로 호흡이 맞지 않아 부정적인 결과를 낳는다. 많은 경우 같은 욕망을 공유하는 꽤 괜찮은 공동체가 되지만 어떤 경우에는 잘 어울리지 못하거나 저들끼리 싸움이 나기도 한다.

눈에 띄는 집단 중에는 연예인 테이블도 있다. 연예 활동과 유흥 활동은 꽤 밀접해서 아레나는 연예인들에게 상당히 가까운 장소이기 때문이다. 다만 연예인을 유명인이자 공인으로 보는 우리나라 문화에서는 입방아에 오르기 십상이다. 이런 탓에 클럽을 찾은 연예인들은 스탠딩보다는 직접 테이블을 잡아 노는 걸 선호한다.

클럽 아레나

    한 가지 모습만으로 사람을 판단하는
사람들에게 '아레나에 온 연예인'이라는 딱지도
위태롭지만 스탠딩으로 전전긍긍하는 이미지란
더욱 부정적이기 때문이다. 연예인은 아주 구석진
테이블을 잡아 놓거나, 아예 스테이지에 가까운
서비스 테이블에 앉아 클럽에서조차 공인으로
머물다 간다.

스탠딩 게스트

스탠딩 게스트는 클럽의 실질적인 분위기를 좌우한다. 입장을 대기하면서 클럽의 파사드가 되어 주는 것도, 입장했을 때 클럽 분위기를 알려 주는 것도, 테이블을 잡은 동기를 부여해 주는 것도 모두 스탠딩 게스트이기 때문이다.

클럽의 상품성은 스탠딩 게스트의 양과 질에 달려 있다. 큰돈을 내고 들어오는 테이블 게스트는 어지간해서는 '입밴'을 당하지도 않기 때문이다. 입밴을 통과해 들어온 스탠딩 게스트는 클럽을 활보하며 '수질'을 광고한다.

홀로 다니는 사람은 없다. 혼자 노는 걸 싫어하는 거야 어느 곳이나 매한가지이지만, 스탠딩 게스트는 말 그대로 클럽에 서서 돌아다니는 게 할 일의 전부라 혼자서는 많이 힘들다.

친구들끼리 해야 할 일도 있다. 친구들끼리 놀러 온 척 연기도 해야 하고, 마구 낚아채는 이상한 테이블 게스트들을 방어해야 하기도, 친구가 누구를 만나는지 평가도 해 줘야 한다. "친구가 잠깐 화장실로 오래요" 혹은 "왜 그런 사람이랑 놀아"와 같은 협동 말이다.

그렇지만 친한 친구과 함께 클럽을 다니는 게 만만한 일은 아니다. 클럽에 간다는 사실을 주변 지인에게 알리지 못하는 경우도 많고, 설령

말한다 한들 지인들이 클럽을 좋아한다는 보장도 없을뿐더러, 무엇보다 무리 중 몇 명은 입밴에 걸리는 경우도 종종 발생하기 때문이다.

입장을 거절당한 친구로 인해 아레나를 포기하거나, 못 들어온 친구와 인사하고 결국 혼자 노는 사람도 종종 볼 수 있다. 그리하여 사후적으로 화장실에서 클럽 친구를 사귀거나, 아니면 사전에 테이블 '조각'처럼 클럽 친구를 만들어 가는 경우가 많다.

스탠딩 게스트 무리를 만들 때 중요한 건 일정 수준을 맞추는 것이다. 소위 말하는 '폭탄'을 만들지 않아야 '입밴'에도 걱정이 없고, 들어가 놀 때도 괜한 거부를 당하지 않을 수 있다.

외모는 노력이 아니라 타고나는 것인 만큼, 일상 속 친구들 집단에서 외모가 평준화되기는 어렵다. 그래서 일행 전체가 모두 출중한 외모의 집단은 눈에 띄기 마련이다. 일상에서부터 외모를 매개로 모인 집단으로, 모델이나 승무원, 배우처럼 잘생기고 예쁜 사람들이 많다고 꼽히는 업종 사람들이 그렇다.

하지만 본질적으로 이 업종의 업무와 외모 간 연관성은 크지 않다. 도리어 다른 능력과 적성이 중요한데, 유독 이 직업군을 지망하는 이들 가운데 '보여지는 것'을 중시하거나 꾸미는 것에 관심 많은 이들이 대체로 많은 편이다. 그래서 아레나에 꽤 많이 모인 잘생기고 예쁜 무리는 정확히 말해 모델과

배우와 승무원의 '지망생'이 대부분이다.

　　직업을 결정짓는 능력치와는 무관하게, 오직 외모라는 능력치만 가지고 그것이 중요한 아레나를 즐겨 찾는 것이다. 아직 학원가 오디션이나 캐스팅 오디션을 다니느라 바쁜 그들이지만, 아레나에 와서는 현실적인 문제를 제쳐 두고 어느 누구보다 용기 내어 도도해진다.

　　도도하기 위해 이들이 견지하는 태도는 '클럽에 놀러 왔다'는 것이다. 여자들은 팔짱을 끼고 남자들을 눈 흘기며 지나가고, 남자들도 한데 모여 저들끼리 춤을 추고 품평한다.

　　테이블 게스트들이 한결같이 여자 비위를 맞춰 주는 것과 달리 남자 스탠딩 게스트 사정은 좀 다르다. 밖에서라면 인기 많을 남자들 또한 대개는 여자들에게 먼저 나서서 다가가야 한다. 하지만 테이블도 없고 술도 없을지라도 '폼'은 버릴 수 없어서, 보통은 이미 자기를 좋아하는 눈치인 상대에게 접근하는 것을 택한다.

　　종종 '모델거지'라고 놀림받기도 하는 그들은 테이블과 멀리 떨어진 바 근처에 모여 MD가 무료로 챙겨 준 술을 지닌 여자들의 술을 얻어먹고, 여자라면 누구라도 괜찮다는 듯 번호를 교환해 밖으로 나간다. 대체로 바 근처에 서 있는 사람들은 키만 큰 모델 지망생이 대부분인데, 그들은 그 정도 메리트라도 누릴 수 있는 아레나에 매일 같이

클럽 아레나

등장한다.

돈과 외모가 중요한 능력인 아레나에서, 이도저도 부족한 사람들은 다른 방식으로 자신을 어필한다. 이들은 어차피 노력해 보아야 인기 끌기 어렵다는 걸 인지하곤, 대안으로 '쿨한' 태도를 내비친다. 잘 보이고 싶은 생각이 전혀 없는 것처럼, 요란한 춤을 추고 괴상한 표정을 취하며 저들끼리 신나 한다.

아레나가 좇는 돈과 외모가 별 게 아니라는 것처럼 행동하는 이들은 단연 띌 수밖에 없다. 테이블을 못 잡은 게 아니라 안 잡는 거라는 듯, 여자를 못 만나는 게 아니라 안 만나는 거라는 듯 쿨한 태도이다.

하지만 얼마간 관찰하면 이들의 우스꽝스러운 행동 또한 다분히 전략적이라는 사실을 알 수 있다. 우스꽝스레 행동하는 동시에 힐끗힐끗 주변을 의식하고, 행동반경 넓게 무리를 지어선 옆에 있는 여자들에게 다가가고 있으니 말이다.

여전히 초점은 음악과 춤에 맞춰져 있는 것 같지만, 모든 에너지가 실상은 상대 이성에게 초점 맞춰져 있다는 사실을 부정할 수가 없다. 자신들의 과한 행동에 누군가 웃거나 관심을 가지는 순간 이들은 격렬한 몸동작을 잠시 멈추고 마치 오랜 팬을 만난 듯 노래 따라 부르기를 권유하거나 합창을 하며 인사를 한다. 딱히 타고난 외모가 직접적인 장점이

아니기 때문에, 이를 자신들의 콘셉트에 숨기는
것이다.

　　일부러 못생긴 표정을 짓거나 과도한 옷차림은
전략적인 도구다. 일반적인 외모, 옷차림의 기준을
일부러 거스르는 힙합 문화가 그들의 콘셉트임은
당연한 결론이다. 클럽은 누군가에게 관심을 받기
위해 온 장소이며, 따라서 클럽에서 하는 행동은
그것을 위한 노력일 수밖에 없다.

돈을 뿌리는 사람

클럽에서 특정 개인을 주목하는 건 이례적이다.
유흥을 위해 모인 사람 중에는 말 그대로 '별의별
사람들'이 있기 때문이다. 그리고 대부분은
개인적으로 즐기다 일순간 사라지기 일쑤다.
가뜩이나 유흥 대금이 높은 클럽에서 유별날
정도로 돈을 쓰고 노는 일이란 절대 평범하지 않기
때문이다.

간혹 그런 사람이 있다면 중국인 여행객이거나
불법으로 일확천금한 사람들이라 미루어 짐작한다.
이들은 실컷 눈에 띄다가도 고국에 들어가거나
감옥에 가면서 사라진다. 일반적인 범주에서 돈을
벌고 소비할 때, 클럽에서의 유흥비는 무척 예외적인
항목일 수밖에 없다.

그런데 2018년 초부터 강남 클럽 일대에서는 한
개인이 꾸준하게 호명됐다. '헤미넴'이라는 별명을
쓰는 이 사람은 자신의 테이블에 많은 술을 시키는
것도 모자라 자신의 주제곡처럼 에미넴 노래를
틀게 했고, 다른 사람들에게 술을 나눠 주고 심지어
현금을 내던져 뿌렸다. 헤미넴은 테이블에 올라가
자신에게 환호하는 사람들의 시선을 즐기며 지폐
다발을 던져 댔다.

이전에도 돈을 뿌리는 일에 낭만을 느낀 몇몇이
지폐 다발을 던진 적은 있었지만, 이처럼 의례적이고

주기적으로 돈을 뿌리는 일은 사건일 수밖에 없었다. 2018년 할로윈 파티 때 헤미넴의 테이블 비딩액은 5억 원, 뿌린 금액만 5만 원권 2,000장인 1억 원이 넘었다고 알려졌을 정도니, 광고 효과를 위해 실제보다 과장했다는 걸 감안하더라도 특이할 따름이다.

말 그대로 관심받기 위한 행동이었으니 사람들이 그를 주목하는 건 당연한 결과였다. 가장 인기 많은 클럽인 아레나는 당연히 그의 주무대였고, 최고액 테이블인 일렉존 19, 20번은 지정석이다시피 했다. 그런 모습으로 벌써 몇 달째 헤미넴은 클럽을 오갔고, 이미 클럽을 차리고도 남을 유흥비를 소비한 만큼 그의 영향 또한 적지 않았다.

아무래도 눈에 띄는 건 헤미넴 테이블 앞에 무리 지은 사람들이었다. 이들은 여느 때처럼 이성과 놀기 위해 클럽에 온 게 아니라, 헤미넴이라는 사람을 의식해 그 앞에 진을 치고 있었다. 그가 던지는 돈다발을 잘만 주워도 웬만한 일당을 훨씬 웃도니 나쁜 계산은 아니었다.

사람들은 마치 공연장에 온 팬처럼 핸드폰 전광판을 만들면서까지 헤미넴에게 환호했다. 클럽 아레나라는 천민자본주의적인 공간에는 대학생, 취업 준비생, 배우 지망생, 신입사원, 백수 등과 같은 집단도 함께 했으므로, 정말이지 그들에게 헤미넴은 마치 영웅처럼 보인 모양이다.

클럽 아레나

자신들은 겨우 스탠딩 게스트로 오는 마당에 저 비싼 테이블을 잡다니, 시킨 술을 사람들에게 나눠 주다니, 여자랑 노는 것도 모자라 돈을 뿌리며 놀다니. 이들이 헤미넴에게 열광한 건 비단 돈을 줍기 위해서만이 아니라, 진심으로 우러나온 경외심에 연유했을 수도 있다.

환호와 경외는 일순간에 머물지 않았다. 당장 손을 들어 5만 원권 한 장 줍는 게 횡재는 맞지만, 그걸로는 '헤미넴 같은' 사람이 되기에 턱없이 모자랐기 때문이다. 사람들은 클럽 현장은 물론이고 인스타그램에서 헤미넴을 찾아 그에게 환호했고 빌붙어 구걸하기 시작했다. 저렇게 스스럼없이 수천만 원을 써 대는 사람에게 잘 보인다면 콩고물이 떨어질 거라는 믿음 때문이었다.

때로 인터넷 뉴스에 아랍 재벌이나 모 부자가 나오는 기사에 달린 "저 사람이 시급 0.1%만 줘도 얼마인데" 하는 댓글은 흔하게 볼 수 있는 내용이기도 하다. 클럽이라는 공간에서 바로 앞에 돈을 뿌리는 사람을 따라 일확천금해 볼 수 있다는 상상이 판을 쳤고, 그들에게는 더 이상 아레나가 유흥 공간이 아니라 인생을 바꿀 수 있는 어떤 장소가 되고 있었다. 헤미넴 담당 MD가 수수료만으로도 어마어마한 소득을 가져갔듯, 헤미넴 테이블에 술을 갖다 주는 샴페인걸들이 수백만 원의 팁을 받았듯, 옆에 붙어있다면 콩고물 하나 떨어지지 않겠냐는 심리였다.

'편하게 돈 벌기.'

자본주의 사회를 살아가는 사람들 대부분이
바라는 일이지만, 특히나 물신주의가 극대화된 클럽
아레나에서는 훨씬 많은 사람들이 지독히 바라는
삶이었다. 무엇보다 평소 자신과는 전혀 다른 삶을
산다고 여기던 부자들을 인스타그램과 클럽 안에서
직접 목격하게 되었으니, 이와 같은 일확천금에 대한
소망은 커질 뿐이었다. 차근차근 살아가도 어차피
저렇게 살 수는 없을 것이라는 계산, 그리고 당장
삶이 도저히 나아질 기미가 없다는 포기 의식은
합리적인 이유가 됐다.

저축 대신 당장 좋은 옷을 사고 테이블을 잡고,
여자를 만나고 남자를 만나고, 그다음 편하게 돈
버는 법을 찾아보자는 식이었다.

헤미넴은 이러한 심리를 건드린 상징적인
인물이었던 것이다. 그는 일반적인 상식에서
벗어난 소비를 클럽에서 벌이면서, 클럽에서 노는
사람들의 욕망을 대표했다. 게다가 헤미넴의
등장은 사회적으로 '일확천금' 욕망을 불러일으켰던
비트코인 열풍과 궤를 같이하고 있었다.

2017년, 2018년 무렵 비트코인은 연일 인기
검색어에 오르며 대한민국 사람이라면 오히려 안
하는 이가 드문 투기 광풍을 가져왔는데, 그즈음

클럽 아레나

등장한 게 헤미넴이었으며, 실제 헤미넴의 재산 또한 비트코인으로 축적된 것으로 밝혀졌기 때문이다. 그는 'ICO(Initial Coin Offering)', 즉 코인 종목을 발행하며 받은 투자를 자신의 재산으로 사용했고, 아레나에서 '헤미넴'이라는 이름이 유명해진 얼마 후에는, '엔젤 투자'라는 명목으로 사람들을 제 돈벌이 수단으로 끌어들였다.

헤미넴이 발행한 암호 화폐든 엔젤 투자든 무엇 하나 실체가 없었으나, 사실이 어떻든 돈을 벌면 전부라는 투기 심리가 그에게 부를 모아준 것이었다. 사실 우리 사회에서 '상품'이란 언젠가부터 실제 가치와 비례하기보다 사람들의 욕망을 응축한 결과물로 기능하고 있으니, 어쩌면 그의 돈벌이란 욕망을 브랜딩한 사업이었는지도 모른다.

헤미넴은 단지 클럽에 있는 한 인물에 불과했지만, 아파트와 주식도 모자라 비트코인이라는 '대박'을 겪은 대한민국 사람들의 욕망을 자극하는 소재가 분명했다. 아무리 일해도 현실은 달라지지 않는데, 너무도 손쉽게 돈을 써대는 그의 모습은 사람들을 자극할 수밖에 없었다. 더 이상 직업이라는 수입의 과정이 아니라 수입이라는 결과가 강조되는 상황에서 이는 당연했다.

다만 어느 순간부터 헤미넴은 아레나를 찾은 사람들이 피하고 싶은 거북스러운 존재가 됐다. 자신을 자랑하고 노는 게 아레나의 문화였다지만,

헤미넴은 기존 분위기를 망칠 정도로 정도가
과하다는 지적이 갈수록 늘었다.

　　술을 끝없이 시키느라 술병에 붙은 불꽃이 클럽
조명을 사라지게 만들었고, 같이 놀아야 할 사람들이
헤미넴이 뿌리는 돈을 줍느라 혈안이 되었으며,
디제이의 선곡 음악 대신 헤미넴이 신청한 에미넴
노래가 나왔기 때문이다. 때로는 시기 질투일 수도
있겠으나, 그래도 놀려고 왔고, 마찬가지로 돈을
쓰려고 온 사람들에게 헤미넴은 자신들의 놀이를
방해하는 훼방꾼과 다름없었다.

　　결국 헤미넴이 등장하고 얼마 지나지 않아
놀라움과 신기함은 조롱과 비난으로 탈바꿈했다.

직원들

원초적으로 노는 사람들 곁에서 근무하는 클럽
직원들은 분위기가 사뭇 다르다. 이들은 클럽이라는
드센 장소에서 근무하기 위해 마치 욕망이 거세된
사람처럼 보이기도 한다. 사람들이 무슨 짓을 하든
그들은 NPC(Non-Player Character)처럼 제 할 일을
한다.

　　가드는 잘생기고 못생기고를 기계적으로
판단해 입장을 관리하고, MD는 사람들이
테이블에서 뭘 하고 있든 주문 서비스를 담당하며,
바텐더는 누가 술을 사 주고 먹이든 일단 돈 주는
대로 술을 내어 준다. 직원들에게 요구하는 모든
주문과 서비스가 욕망을 한가득 담고 있지만, 그들은
아랑곳하지 않은 채 일을 한다.

　　아레나의 직원을 말했을 때 일반적으로
생각나는 이미지는 가드일 것이다. 특수 부대 같은
옷차림을 한 가드들은 클럽 전면에 서서 출입을
관장한다. 그런데 외모라는 추상적이며 개인의
자존감과 걸려 있는 문제를 판단하기가 쉽지는 않을
것이다. 출입에 통과하든 아니든 '쟤가 뭔데 나를
평가해' 같은 거부감이 들 수도 있는 노릇이다.

　　이런 맥락에서 되레 외모에 결코 관심 없어
보이는 가드가 불특정 다수의 외모를 평가하기에는
적절할 수 있다. 괜히 멋을 한껏 부린 가드가

한껏 꾸민 손님들을 면박 주는 것보다는 아예
해당 기준에서 벗어나 있는 평가자가 중립적인
기준처럼 보이기 때문이다. 누구나 공감할 만한 외모
기준에 따라 거기에 전혀 무관심해 보이는 가드가
교통정리를 한다. 어차피 외모는 일차원적이고
즉각적인 요소이기에 성형외과 의사든, 미용에 관심
없는 가드든 대부분의 평가는 유사하다.

　　가드는 실내에서도 역할이 많다. 외부에서
엄중히 입장을 관리하고 아레나의 소란이 주변으로
새어 나가지 않도록 관리하는 것도 임무이지만, 더
큰 사건은 클럽 내부에서 일어나기 때문이다.

　　하루에도 네댓 번씩 일어나는 폭행 사고와
시비를 중재하기 위해 여러 명의 가드가 실내에
머문다. 이들은 소란이 보이거나 신고가 들어오는
즉시 사람들을 밖으로 쫓아낸다. 성범죄 문제가
빈번한 만큼, 사람들의 표정을 살피며 지나친 신체적
접촉을 자제시키는 것도 가드의 일이다. 클럽이
괜한 분쟁에 휘말리지 않고 다른 손님들에게 영향을
끼치지 않도록 하는 게 일인 것이다.

　　덩치 큰 가드들은 세상에서 제일 고압적으로
보이지만 어차피 이들이 할 수 있는 최고의 처벌은
'경찰서 가세요'다. 단지 클럽이라는 세계에서
격리시키고 책임을 정리할 뿐이다. 더불어 이들의
업무란 클럽 내 사건을 경찰에게 전달하는 것이어서,
가드는 유흥업자와 공권력 간 유착 관계에

직접적으로 관련이 있는 신분이기도 하다.

한편 클럽의 가드를 사적으로 고용하는 경우도 있다. 교통정리를 하는 상징성을 지닌 가드를 테이블 앞에 세움으로써, 자리 주변에서 소란이 일어나지 않게 하는 것이다. 술을 많이 시킨 고액 테이블에는 아레나 측에서 가드 필요 여부를 묻는다.

가드가 간혹 성질을 부려야 할 때도 있는 것과 달리, '서버(server)'와 바텐더는 지극히 중립성을 유지하는 직원이다. 이들은 업무상 누군가에게 먼저 다가가거나 감정 표현할 일이 전혀 없기 때문이다. 오직 테이블 게스트의 주문을 받아 주고, 바를 찾은 손님들에게 술을 타 주면 그뿐이다. 장소만 클럽 아레나일 뿐이지, 사실 여느 주점에서 일하는 서버, 바텐더와 업무 내용은 비슷하다.

물론 클럽의 특수성이 이들에게 작용하지 않는 건 아니다. 바텐더는 외모가 취직 조건이기도 해서, 어떤 이들의 경우에는 자기 옆에서 애걸복걸하는 사람보다 조용히 할 일만 하는 바텐더를 좋아하는 경우도 생긴다.

잡일과 서빙을 담당하는 서버들도 그저 조용하지만은 않다. 테이블에서 사람들이 뭘 하든 무신경하게 일만 하는 것 같지만, 한가할 때면 제 욕망을 드러낸다. 일하며 챙긴 술을 이성에게 나눠 주거나, 클럽에서 가장 중립적으로 보이는 포지션을 이용해 인기를 챙긴다. 다른 업장을 두고 구태여 클럽을 찾아 일을 한다는 사실만으로도, 그들 속내에 있을 여러 가지 이유를 추측해 볼 수 있을 것이다.

같은 서버지만 유난히 많은 시선을 끄는 직원도 있다. '샴페인걸'이다. 맨몸을 거의 다 드러낸 속옷 차림으로 여자 대여섯 명이 무리 지어 다니면 사람들 시선이 자연스레 따라간다. 그들이 하는 일이란 고액 주문에 한정해 서빙을 하고 얼마간 자리에서 함께 놀며 머무르는 것이다. 돈 쓰는 걸 자랑하고 주변 사람들의 관심을 받기 원하는 사람들을 위해 이 같은 서비스 직원도 생겨났다.

상대적으로 외모가 출중하거나 과한 노출을 한 샴페인걸을 보면서 여자들은 내심 자극을 받고, 남자들은 그들을 호출한 테이블 손님들을 우러러보기도 한다. 동시에 이들은 모욕적인 언사를 가장 많이 듣는 직원이기도 하다. 결국 샴페인걸의 일이란 여성성을 매개로, 노출 심한 차림으로 술을 가져다주는 것이니 같은 여성은 물론 이것을 즐기는 남성조차도 이 일을 성매매와 다름없다며 비하하고 비난한다.

화장실 청소부도 특징적인 직원이다. 테이블과 통로 청소는 여러 직원이 함께 맡고 있지만, '화장실'이라는 공간만 전담하는 직원이 따로 있다. 아무래도 클럽 공간에서 화장실이 갖는 특수성 때문에 더욱 그렇다. 클럽에서 화장실이란 단순히 용변을 보는 용도만이 아니라 미용을 단장하는 한편, 수많은 대화가 벌어지는 장소이기 때문이다. 50대 여성 직원은 새벽 내내 힙합존과 일렉존을 오가며 화장실 전반 관리를 도맡는다.

청소부의 존재감은 특히 여자 화장실에서 돋보인다. 상대적으로 단순한 남자 화장실에 비해 여자 화장실의 기능은 훨씬 다양하기 때문이다. 청소부는 남자 화장실에서처럼 단지 청소만 하는 게 아니라, 여자 화장실 대기 줄 순번을 정리하거나 여성 손님들 간의 싸움을 진정시키고, 취해 뻗어 있거나 잠든 사람을 깨워 내보내는 등 청소 이상의 많은 일을 해낸다.

한국 사회에서 특징적으로 호명되는 여성성이 배제된 '아줌마'라는 캐릭터로 억척스럽고도 친숙하게 일을 처리한다. 그래서 자칫하다간 폭력으로 이어질 수 있는 일이지만 청소부 '아주머니'가 개입하면 큰 시비가 생기지 않는다. 딸, 아들뻘 손님들은 때때로 클럽에 어울리지 않는 모습을 한 아주머니가 어떤 생각을 할지 부끄러워하기도 한다. 사람들이 무슨 생각을 하고 어떻게 행동하든 거칠고 묵묵히 할 일만 하지만 말이다. 이러한 중요성 때문인지 초창기 아레나 화장실을 전담하던 50대 여성 청소부 한 분은 클럽 버닝썬으로 스카우트되기도 했다.

지금까지 소개한 직원들은 맡은 일을 하면서

고정 급여를 받는데, 이와 구분되는 직원은 MD다. 이들은 실질적인 영업을 한다. 아레나에만 약 400명에 가까운 수가 근무하는 것으로 추산되니 어마어마한 인원이다. 하지만 이들은 아레나로부터 고정된 급여를 받는 직원이 아니며 게스트를 유치하거나 테이블을 팔았을 때 인센티브 수입을 가져가는 계약직이다. 수많은 MD가 존재하지만 실질적으로 소득을 올리는 MD는 지극히 한정적이라는 것이다.

그래서 전업으로 MD를 하는 사람들보다는 부업으로 활동하며 자신의 인맥이 테이블을 잡을 때 인센티브를 올리는 경우가 대부분이다. 물론 하루에 억대 주문을 하는 고액 손님을 만나는 몇몇 MD의 경우에는 웬만한 회사원의 연봉을 며칠 만에 벌기도 한다. 아르망디 10바틀의 15퍼센트 인센티브가 300만 원이니 말이다.

고액 테이블 모객은 단념하고 오직 게스트를 받아 수익을 올리는 MD도 있다. 여성 게스트 유치가 중요한 클럽은 여성 게스트를 입장시키는 MD에게 일정 인센티브를 지급해 주니, 이를 노리는 MD는 클럽 안팎으로 여자들에게 연락처를 주며 입장할 때 제 이름을 말해줄 것을 부탁한다. 게스트들은 입장료를 지불하는 대신 MD 이름을 말하고, 때로는 MD가 무료로 술을 내어주기도 하니 나름의 상부상조라고 할 수 있다.

결국 인센티브를 벌기 위한 서비스이지만 때로는 이를 오롯이 제 호의처럼 연기하는 경우도 있다. 모객 사실은 숨긴 채 자신의 초대 덕분에 입장을 시켜 준 것처럼, 비싼 술을 거저 내어준 마냥 유세를 부리는 것이다. 내막을 모르는 게스트들은 웬 남자가 자신에게 잘해 주는 걸 특별하게 여겨 MD와 친하게 지내는 걸 자랑하기도 한다. 업장에서 정해진 급여를 받지도 않지만, 가장 사람들을 많이 대면하는 특성상 클럽 MD의 종류는 다양할 따름이다. 단순히 돈을 버는 일이라고 하기에는 이 일 또한 여러 가지 욕망이 얽혀 있다.

06

이야기

멘트

클럽에서 '남녀관계'는 남성의 일방적인 접근으로
이루어진다. 남자 테이블 게스트는 지나가는 여자
스탠딩 게스트를 잡아서 끌어올리고, 남자 스탠딩
게스트는 눈치 보며 말을 건넨다. 하나같이 남자들이
그런 식이니 여자들은 그중에 마음껏 고를 수 있다.

　　일상에서도 대부분의 구애는 남성으로부터
여성을 향하지만, 어느 장소보다 원초성이 강한
클럽에서 이 구애 방향은 당연한 모양새다. 클럽에서
성별이란 사회학적인 젠더와 생물학적인 섹스를
아주 단순하게 압축한 개념처럼 보이는 것이다.
"여자는 예뻐야 돼!" "오빠가 사 줘야 해!"와 같은
아주 일방적인 남성성과 여성성이 나타난다.

　　술을 건네는 건 가장 간편한 방법이다. 술을
마시고 놀러 온 이들에게 공짜로 술을 내어 주니
거부감도 딱히 없다. 그래서 테이블 게스트는
지나가는 모두에게 술을 주며 '하나 걸려라'를
다짐하고, 스탠딩 게스트는 술 하나 가격을 셈하면서
신중히 목표 상대를 정한다.

　　술을 핑계로 상대를 잡아 세웠다면, 그때부터는
온갖 공략법이 개시된다. 자신이 얼마나 괜찮은
사람인지, 이곳에 있는 수많은 남자와 자신이 얼마나
다른 사람인지 차별점을 자랑하는 것이다. 평소
연애 전 단계를 밟는 '썸'을 타는 과정이나 소개팅

자리에서 행하는 방법과는 아주 다르다. 이곳에서의 만남이란 한정된 시간과 확실한 목적을 전제하기 때문이다. 속되게 말하자면 얼른 '꼬셔서' 빨리 결론을 봐야 한다. 그렇지 않으면 소모적인 시간 낭비에 불과할 테니 말이다.

가장 빈번한 자랑은 자신의 직업과 재산에 관한 내용이다. 차가 무엇이라는 둥, 집이 어디라는 둥, 직업이 무엇이라는 둥. 평소에 말했다가는 과한 광고여서 부담스러운 내용이지만 여기에서는 곧장 말한다. 그동안 사람들 눈치 때문에 숨기고 있던 자랑거리를 자신 있게 얘기하는 것이다.

'나 이런 사람이야.'

남자들의 이런 과시욕과 자랑으로, 여자들 손에는 명함이 두둑해지기도 한다. 어디 병원 의사, 어디 법조인, 어디 사장 등…. 어쩌면 사회에서 가장 성공한 사람들이 모이는 곳이 클럽처럼 보일 정도다.

체코의 소설가 밀란 쿤데라(Milan Kundera)의 표현을 빌려 말하면 클럽에서의 소개는 '덧셈법'으로서의 자기소개다. 쿤데라는 자아의 유일성을 가꾸는 방법, 즉 자신이 얼마나 특별한지 이야기하는 두 가지 방식으로 덧셈법('자신을 좀 더 잘 보이게 해 파악하기 쉽게 하기')과 뺄셈법('자신의 자아에서 외적인 것과 빌려온 것을 모두 추려내기')을 제시하는데, 어떻게든 있어 보이기에 급급한 아레나에서는 간추리기보다

꾸며 내는 게 중요하다. 명품 옷을 걸치고, 공들여 화장하고, 비싼 술을 시키는 모두가 자신을 더하는 수식으로 작용한다.

그렇다면 그중에서 가장 더하기 값이 비싼 것은 무엇일까? 각자 다른 가치 기준을 따르지만, 자본주의 사회에서 돈은 이를 명확하게 계산한다. 좋은 직업이란 돈을 잘 버는 일이고, 좋은 옷이란 값비싼 옷이고, 좋은 데이트란 많은 돈을 들인 것을 의미하는 사회이기 때문이다. 그래서 성격 급한 사람들은 여러 방식으로 돈을 자랑하는 게 아니라, 아예 돈을 제시하기도 한다. "소고기 사 줄게"에서 나아가 "돈 줄게" 혹은 "스폰서 해 줄게"와 같은 대사가 나오는 것이다.

어차피 자신의 신분 자랑이 돈에 근거하는 것이라면, 돌려 말하기를 생략하고 직접적으로 돈을 이야기하는 것도 괜찮은 걸까? 여성을 외모라는 기준으로 사물화하는 남성들은 그에 앞서서 자기 스스로를 재화로 바꾸어 만남을 교환한다.

이러나저러나 일련의 방법들의 성공률은 높은 편이다. 평소 사회적인 지위가 대단해 보이는 사람들은 만나기 쉽지 않을뿐더러, 이렇게나 대놓고 자기 자랑을 하는 건 예외적이기 때문이다. 선망하는 직업군을 만나 신기해하고, 길거리에서 본 적 없던 자동차에 타 보고 싶어 쉽게 그 자랑에 넘어가곤 한다. '난 클럽에서 누구 만났다'에 만족하고 자랑하는 사람들도 적지 않다.

    그런데 어느 순간부터는 그 자랑이 마냥 특별하게 여겨지지 않는다. 아주 특별한 재화들이 아레나에서는 얼마간 흔한 게 되어 버리기 때문이다. 그들이 자랑하는 포르쉐만 수십 대고, 오늘 하루 만난 의사만 해도 수십 명이다. 모두가 그렇게 자랑하다 보니 그런 자랑이 별 게 아니게 된다. '너도 의사냐, 쟤도 의사다' 식의 아우성이 호주머니 명함 뭉치에서 절로 나온다. 사회가 강요해 온 '더하기'의 수식이 역설적이게도 유흥 공간 속에서는 하릴없어진다.

    그렇지만 이런 속내를 아는지 모르는지 자랑은 하나같이 개인적이다. 상대방에게 그런 이야기가 지긋지긋할 거라는 상상은 전혀 하지 못한 채, 자기 딴에 유별난 자랑을 계속해 일삼는다. 아무래도 이러한 자랑은 클럽뿐 아니라 일상에서도 계속해 왔던 행동이기 때문이다. 클럽에서 유독 더 욕망을 드러내기는 하지만 사회적 성취를 내걸고 상대방에게 찝쩍대는 일은 일상 속에서도 번번이 벌어지는 일이다.

클럽 아레나

오는 이유들

당연히 놀러 왔겠지만, 놀기를 결심한 구체적인 이유는 사람마다 각양각색이다. 더불어 클럽을 가겠다고 결심하는 이유 말고도 가고 나서 이야기하는 이유 또한 별개로 존재한다. 유흥을 부끄러워하고 숨기려 하는 탓에 마냥 놀러 왔다거나 솔직한 욕망을 이야기하는 대신에 나름의 이유를 개발하는 것이다. 가령 "자주 안 오는데, 친구 생일 파티 때문에…" 같은 변명 말이다. 여기서는 클럽을 찾는 이유를 단지 '욕망'으로 뭉뚱그리지 않고 여러 방면에서 구체적으로 이야기하고자 한다.

클럽에서 보이는 사람들의 모습이 과도한 애정 행각투성이라고 해서 클럽에 가는 동기를 성적 욕망으로 일반화하는 건 단순한 해석이다. 클럽에서는 '원나잇'이 전부라고 아득바득 우기는 사람도 있지만, 설령 첫 목적이 그랬다 한들 노는 과정 중에서 다른 욕망이 발현되거나 꼭 그것이 아닌 또 다른 만족감 성취를 위해 클럽을 즐길 수도 있기 때문이다. 인간은 성욕뿐 아니라 다른 욕망 또한 지닌 동물이다.

클럽이 자극하는 대표적인 욕망 중 하나는 인정 욕구다. 아레나의 입장 조건에 대한 소문을 더욱 확대하고, 입장한 이야기를 자랑처럼 이야기하는 것도 그 때문이다. 예컨대 "아레나 입뱀 약해진 것

같아. 아무나 들여보내 주더라" 같은 말을 굳이
함으로써 사람들은 제 자존감을 자랑하는 것이다.
표면적으로는 시니컬한 태도를 보이지만 결국 하고
싶은 말은 "나는 '아무나'와 다르다"는 인정 욕구다.

　　클럽 내부에서는 더 많은 인정 욕구와 자존감
싸움이 일어난다. 특히 여성에게서 많이 나타나는
일이기도 하다. 평소 외모에 대한 칭찬은 쉬쉬하기
일쑤인데 클럽에 들어서면 수많은 남자가 어떻게든
비위를 맞춰 보려고 노력하기 때문이다. 일상
속에서는 아등바등 살아가더라도 클럽에서는
술이든 테이블이든 남자를 만나는 것이든 모든 게
쉽기만 하다. 여자들은 지나칠 정도로 질척대는
남자들에게 성질을 내다가도, 누구도 자신에게 손
내밀지 않는 상황에는 도리어 자괴감에 빠지기도
한다.

　　때로 사람들은 여성이 사물화되는 아레나를
왜 가느냐고 반문하지만, 단순 사물화가 아닌
명품으로 취급되는 사물화에 그들은 만족한다.
입장이 제한됐거나 겨우 입장했어도 관심을 못
받는 사람들이 "아레나 별 거 없더라"고 말할 때
그들이 취하지 못했을 재미를 추측해 볼 수도 있다.
아레나에서 재미는 예쁘면 예쁠수록, 잘생기면
잘생길수록, 돈이 많으면 많을수록 배가되기
때문이다. 가드의 입장 허락을 통해 외모를
인정받고, 지나가던 타인이 "언니 예뻐요" 혹은

클럽 아레나

"형님 잘생겼어요"라며 칭찬을 하고, 이성이 "나랑
놀자"고 조르는 재미 때문에라도 클럽을 찾는 이가
적지 않다.

　　칭찬하는 상대 중 잘생기고 능력 있는 사람이
많은 까닭도 자존감 상승의 주요인이다. 평소 만날
일 없는 사람이 클럽 공간이라는 이유만으로 대뜸
붙잡고 칭찬해 주니, 진심과 무관한 입에 발린
말이라도 기분이 좋을 수밖에 없다.

　　단적으로 나타나는 사례가 연예인을 볼 때다.
평소 공연이나 팬 미팅을 통해 그들을 보려면 돈과
노력을 들여야 하는데, 클럽에서 '노는 관계'로 만날
때는 되레 그들이 찝쩍대기 일쑤다. 물론 속셈은
여느 남자나 다를 바 없지만, 평소 도도해 보이던
연예인이 술을 건네주고 칭찬을 해 주니 거기에
넘어가 만족감을 느낀다. '오늘 누구와 놀았다'와
같은 후일담에는 자신이 그러한 무리에 낄 수 있다는
자랑이 섞여 있기 마련이다.

친목 교류의 장이 되는 경우도 있다. 아레나를
찾았다는 것만으로 일정한 취향과 욕망이
합의되었다는 전제가 있으니 그다음 이야기를
하기가 편한 것이다. 패션이나 음악, 춤 같은 문화
코드는 물론이고, 이성에 대한 문제 역시 하나의
취향으로서 교류한다. "예쁜 언니 보러 왔어요"
"잘생긴 남자 보러 왔어요" 같은 여성 손님들의

대답은 거짓말이 아니다. 남성 손님들끼리는 옆 테이블과 인사를 하며 다음에는 같이 보자고 친목을 다지고, 여성 손님들끼리는 화장실에서 서로 코드가 맞는 친구를 찾아 어울린다.

한껏 멋 부린 사람들을 관찰하고, 그들에게 자신의 모습을 자랑하는 게 현대인의 욕망이라는 사실은 SNS를 통해서도 확연히 드러난다. SNS란 본질적으로 솔직함과 거리가 멀어서, 사람들은 그것을 타인을 엿보고 자신을 자랑하는 용도로 이용하고 있으니 말이다. 관찰과 자랑은 결국 SNS의 팔로잉, 팔로워로 대변되는 개념이다.
　　그런 의미에서 현재 가장 활발한 SNS인 인스타그램은 클럽과 공통점이 많다. 일순간 보여지는 것만으로 모든 걸 판단한다는 기본 전제가 같을뿐더러, 해시태그와 단순 이미지로 계정을 평가하고 지나치듯 클럽에서도 역시 사람들의 차림새와 금세 알 수 있는 프로필로 그들을 평가한다. 클럽이든 인스타그램이든 모두 인스턴트성이 강한 공간이다.
　　팔로워가 많은 인플루언서가 아레나를 자주 찾기도 한다. 이미지 플랫폼 속에서 인플루언서란 결국 외모에 관심이 많은 이들이 많고, 같은 속성을 지닌 오프라인 공간인 아레나에 이들이 모이는 것은 당연해 보인다.

외모를 꾸미는 데에 능란하고, 사람들의 인정을 갈망하는 이들에게 두 장소는 친숙할 따름이다. 그래서 직접 만난 적은 없어도 서로 간에 얼핏 본 관계가 빈번하다. '좋아요'를 누르던 사이, 본 적은 없어도 팔로우를 하던 사이를 드디어 이곳에서 마주하는 것이다. 온라인 공간에서 꾸미던 자신의 모습, 그리고 아레나라는 오프라인 공간에서 내보이는 자신의 모습이 신경 쓰일 따름이다.

따라서 그들은 자기 피드를 관리하여 잘 보이려는 온라인에서의 욕망만큼이나, 아레나를 찾았을 때 또한 사람들에게 잘 보이고자 하는 관리를 한다. 막연히 클럽에 왔다고 노는 게 아니라, 여기에 모여 있을지 모르는 제 팔로워와 팔로잉 리스트를 의식하는 것이다. '힙한' 문화를 상징하는 두 가지 플랫폼은 유사한 욕망 구조를 가지고 많은 부분을 공유한다.

제 스트레스를 풀기 위해 오는 경우도 많다. 아무래도 클럽은 극단적으로 노는 것의 상징이어서, 일상에서 심정적인 타격을 받는 사건이 발생하면 그것을 털어 내기 위해 클럽을 찾는다. 이때 자주 언급되는 것이 연인과의 이별이다. 연인과 헤어지고는 그것을 잊고 새로운 짝을 만나기 쉬운 클럽을 찾는다. 잠 못 이루는 새벽, 미련 때문에 뒤척이거나 애써 잊으려 하기보다는 요란한 환경에서 다른 사람들과 정신을 파는 게 간편하기 때문이다. 해답 없는 고민을 하며 감정적인 노동을 하는 대신, 지극히 순간적인 대체재를 찾을 수 있는 클럽에서의 놀이는 단연 효과적인 방법이다.

하지만 인간관계를 맺는 문제에 있어 '효율성'이라는 말은 재고해 볼 필요가 있다. '연애'라는 깊은 인간관계에 있어 간편하고 편리하다는 건 과연 옳은 가치일까? 인간관계란 단지 만날 때뿐만이 아니라 헤어질 때까지를 모두 포괄한다는 걸 주지할 필요 또한 있다. 새벽에 잠 못 이루며 고생하고, 괜한 집착과 심술로 더 심한 파국으로 치닫는 것도 절대 부정적이기만 한 일은 아니라는 것이다. 연애가 인간을 성숙하게 만드는 데 일조하는 행위라는 것에 동의한다면, 간편함과 편리함은 그것을 방해하는 마약일 수 있다.

애프터

클럽에서 만났더라도 다음을 기약하기 마련이다. 연락처를 교환했다면 이튿날 약속을 잡아 클럽 아닌 다른 장소에서 애프터 만남을 갖는다. 일회적인 유흥에 이어서 만남을 이어 가려는 노력이다.

다만 여느 파티의 애프터 자리와는 상황이 다르다. 아무래도 아레나라는 장소가 시작이었던 만큼, 그곳에서 드러냈던 '욕망'을 어떻게 처리하느냐가 관건으로 작용한다. 어떤 이에게는 못다한 하룻밤 관계의 연속선상일 수도 있고, 어떤 이에게는 진지한 관계 발전을 도모하는 자리일 수도 있다. 또 어떤 이는 클럽에서의 일을 아예 없었던 일로 하기 위해 애프터 만남을 홀연히 무시하기도 한다.

공통된 건 처음부터 상대를 진중히 여기지 않는다는 사실이다. 아레나에서 연락처를 교환하거나 함께 놀았던 건, 정말 상대가 특별해서라기보다는 단지 아레나에 있던 이성이었기에 맺어졌던 간편한 관계이기 때문이다.

애프터 자리는 의례적으로 '연락해'를 약속하며 습관적으로 번호를 교환하고, 수없이 교환한 연락처 가운데 사후적으로 후보를 추스른 결과와 다름없다. 자신과 논 지 얼마 되지도 않았는데 금세 다른 상대와 번호를 교환하고 노는 모습을 목격하는

일도 부지기수이기에 관계의 특별함이나 상대의
진정성에 대해 큰 기대를 하기가 어렵다.

　　그래서 많은 경우에는 아레나에서의 모습을
부정한다. 아무래도 일탈에서 맺어진 관계를
일상으로 넘겨오는 애프터 자리에서는 그것을
매끄럽게 할 필요가 있기 때문이다. 상대에게 잘
보이기 위한 노력이기도 하다. 모두와 이렇게 만나는
게 아니라며 진정성을 강조하고자 욕망 일색이던
아레나에서의 모습을 거짓이라 이야기한다.

　　"친구 짝을 맞춰 주려다 보니" "술에 취해서"
"너하고만 연락해" 등등.

　　진지한 관계를 원한다면 이 과정이 더욱
중요해진다. 실제로 클럽에서 보인 모습은 평소
잘 드러내지 않는 모습일 공산이 커서 일상에서의
만남을 위해 '정상적인' 자신의 모습을 이야기하며
어떻게든 당시를 포장한다. "사실 클럽 잘 안가"
"어제는 친구 생일 때문에" "원래는 조용한
성격이야" "술에 취해서"와 같은 식이다.

　　분명 애프터를 약속한 건 클럽에서의 모습에
기반했지만 막상 애프터 자리에서는 그 모습을
부정하기 바쁘다. 애프터 자리에는 자연스러움과
역설이 공존한다.

　　클럽에서의 제 모습을 위장하고 싶은
마음만큼이나 만나는 상대방을 의심하기도 한다.
'내가 클럽에서 그랬던 것처럼 이 사람도 그랬으면

어쩌지?' 고민하며 자신이 하는 변명만큼 상대방의 설명을 요구한다. 물론 무엇을 말하든 잘 믿지는 않는다. 단지 정해 놓은 답을 상대가 말해 주는 데 만족하는 정도다. 자신이 원하는 바를 정해 놓고 상대를 그렇게 바라보고자 합리화하여 안심하고 싶어서다.

이러한 까닭에는 클럽에 갔다는 사실만으로 부정적으로 짐작하는 편견 탓도 있다. 사람의 수많은 요소를 무시한 채 오직 한 가지 요소만으로 인격 전체를 평가하는 경우가 많다. 언제나 모든 사람과 모든 관계는 제각각 특별하지만, 사람들의 시선에 갇혀 모범 값을 찾다 보면 클럽은 최악일 수밖에 없기 때문이다. 이런 탓에 진지한 관계가 되더라도 그들은 만난 장소를 숨기고 거짓말한다. 클럽 대신 사람들이 듣기에 바람직한 첫 만남 장소를 모색하는 것이다. '놀다가 만났다'며 얼렁뚱땅 넘어가거나 '길거리에서 번호를 교환했다'는 식의 변명으로 무장한다.

작정하고 자신의 욕망을 인정하는 경우도 있다. 이는 가벼운 만남 자체를 긍정하고 요구하는 것이어서, 서로가 여기에 응한다면 애프터 자리에서도 아레나와 같은 만남이 이어진다. 장소 또한 괜히 환한 바깥에서 보는 게 아니라, 집 안이나 숙박업소, 혹은 술집에서 먼저 만나는 식이다.

때로 단지 이 정도의 목적이 전부인 사람과 나름

진정성을 가지고 있던 사람이 관계를 맺음으로 인해
감정적 격차가 발생하기도 한다. 상대의 감언이설을
순수한 애정으로 착각하다가, 어느 날 연락이
끊기면서 그것이 얼마나 소모적이고 허위였는지를
깨닫는 것이다. 클럽에서의 만남을 부정적으로
이야기하는 건 대개 이 경우를 가리킨다.

물론 욕망을 인정하는 게 절대 부정적으로
작용하는 것만은 아니다. 오히려 일상적인
만남에서는 체면 때문에 숨겨야 했던 제 속내를,
클럽에서의 만남을 빌미로 훨씬 솔직하고 진정성
있는 관계로 나아가기도 한다. 대부분 사람은 그러한
욕망을 품고 있으며 이는 어떠한 방식으로든 터져
나올 공산이 크기 때문이다.

따라서 욕망의 인정은 도리어 장점으로 작용할
수도 있다. 다만 많은 경우 욕망의 솔직함을 욕망
표출의 당연함으로 착각하는 우를 범한다. 즉
'나는 원래 그런 사람이야'를 지나치게 확신한
나머지 '관계'에 대한 에티켓을 잊어버리는 것이다.
아레나에서의 만남 자체, 혹은 자신의 욕망에 대한
솔직함 자체가 문제가 아니라, 상대에 대한 존중과
관계에 대한 일반적인 에티켓이 문제인 셈이다.

모든 인간관계는 각자의 정답과 다양한
이야기가 있기에, 클럽의 애프터 자리도 역시 저만의
일장일단을 지니고 있다.

클럽 아레나

귀갓길

아레나에서 퇴장할 때면 진이 빠진다. 시끄러운
음악 소리에 귀가 먹먹하고, 옷에는 술이나 화장이
묻어 찝찝함이 가시지 않으며, 자야 할 시간에
놀았으니 피곤함이야 말할 것도 없다. 더욱이 계단을
올라오자마자 겪게 되는 일상과의 온도차로 인해
기분은 더욱 오묘하다. 어두운 지하에 있다가 쬐게
되는 아침 햇빛, 밀폐된 공간에서 벗어나자마자
느껴지는 온몸의 담배 절은 냄새, 번진 화장 아래로
잔뜩 건조해진 피부 상태는 아레나에서 보낸 몇
시간을 반추하게끔 한다. 가뜩이나 아침 시간에
이르러서 퇴장하는 사람들의 경우에는 출근하는
직장인들을 보며 그들과 자신을 비교하기도 한다.

　'저들은 저렇게 열심인데 난 뭘 한 거지.'

　평범한 일상이겠지만 그것을 바라보는 상황이
달라지면 괜히 심란해진다. 마음 편히 놀러 왔다고는
하지만, 과연 마음이 완벽하게 편할 수는 없는
노릇이다.

　그래서 사람마다 기분은 여러 종류다. '잘
놀았다'와 같은 만족감도 있지만, '잠이나 잘걸'이나
'뭘 한 거지'와 같은 지난 몇 시간에 대한 후회감도
밀려온다. 일상에서 일탈로 넘어갈 때의 기분이야
모두 기대감에 빠져 있지만, 반대로 돌아오는
경우에 느끼는 기분은 마냥 긍정적이지만은 않은

것이다. 기대가 컸던 만큼 실망도 크다. 더구나 마냥 놀았다고 하기에는 지불한 시간과 돈이 적지 않은 탓도 있다. 사람들은 저마다 지난 몇 시간에 대한 갖가지 기회비용을 떠올려 본다. 금방 지나가 버린 시간을 위해 지불한 수십만 원, 피로로 인해 망가져 버릴 하루. 절대 적지 않은 비용인 만큼 아쉬움과 후회 또한 작지 않다.

가시지 않는 아쉬움으로 인해 자리를 떠나지 못하는 사람도 많다. 피곤할지언정 혹시나 재미를 찾을 거라는 희망을 가지고서 귀가 시간을 미루기 일쑤다. 이들에게는 아레나의 대낮 가까운 마감 시간이 고마울 따름이다. 출근한 사람들이 점심 먹으러 나올 무렵까지 어두컴컴한 지하에서 '광질'은 계속된다.

사람들 대부분이 퇴장하는 오전 10시 무렵이면 클럽의 밀도가 확연히 낮아지지만, 이전까지의 관성에 따라 춤을 추고 술을 마신다. 막바지이지만 혹시나 어떤 관계가 이뤄질까 싶은 마음과 혹은 이대로 멈춰 봐야 아무것도 아닌 것 같은 마음은 매한가지이기 때문이다.

퇴장해서 근처 쌀국수집에서 해장할 때도 상황은 이어진다. 국물을 마시는 와중에 눈을 돌리고, 그곳에서조차 번호를 묻고 교환하는 사람들이 있다. 목적 있는 놀이인 이상 편안히 끝내기란 어려울 따름이다.

클럽 아레나

아쉬움이 창피함보다 커서, 길거리에서 회포를 푸는 사람도 있다. 아레나 내부에서 하던 버릇 그대로 길거리에서까지 사람들 손목을 끌어 더 놀 것을 간청한다. 물론 아무에게나 그러지는 않는다. '아레나 갔다 온' 행색을 한 사람들을 골라 하는 것이다. 사람들 중에는 아레나 밖에서까지 이러고 있는 행동거지에 신경질을 내는 이도 있지만, 취하거나 아쉬운 기분에 따라가는 사람들도 있다.

이들을 노려 아침에야 아레나 앞을 찾는 사람들도 있다. 대로변에 외제차를 주차해 두곤 집에 데려다주겠다며 아무에게나 말을 거는 것이다. 술 취해 만신창이가 된 사람들을 끌고 가려는 무리는 확실한 목적성을 지니고 있다. 정말 수많은 사람들이 아레나가 마감하는 풍경을 이루고 있다.

어느덧 이들 주위로는 일상의 풍경이 시작된다. 갓 출근 준비를 하고 나온 사람들이 눈을 비비며 버스를 기다리거나 지하철 승강장으로 걸어가고, 아레나가 완전히 마감할 시간 즈음이면 오전 근무를 마치곤 점심을 먹으러 나오는 사람들이 뒤섞인다. 아레나에서 나온 사람들은 이처럼 전혀 다른 차림과 표정을 한 사람들과 어우러져 거리 풍경을 이루게 되는 것이다. 그저 귀갓길이라고 하기에 이 시간대 길거리는 난해하기 그지없다. 일상과 일탈 문화가 혼란하게 뒤섞여 있고, 사람들의 속내 또한 복잡다단하다.

나가며

이 책은 강남의 클럽 문화를 다루기 위해
'아레나'라는 특정 업소를 레퍼런스로 삼고 있다.
그동안 클럽 문화는 공식적으로 논의되지 않은
소재였던 만큼 구체적인 장소를 기록하는 것 자체가
의미 있다고 생각했다.

　더욱이 유흥 공간은 트렌드에 민감해 영업
주기가 빠른 데다 많은 불법에 얼룩져 있어 세상에서
손쉽게 지워지고 잊혔으며, 사람들이 쉬쉬하는
까닭에 '존재했다'는 사실이 매번 은폐되어왔다.
수많은 사람들이 돈과 에너지를 쏟아 붓던 장소가
아무것도 없었다는 듯이 사라지는 것은 상당히
기묘한 일이다.

　구체적인 장소를 지목해 이야기를 풀어내는
게 중요했던 만큼 출간 직전인 2019년 3월 클럽
아레나의 폐업 소식은 예민하게 다가왔다. 책을
쓰기 전부터 유흥 공간의 생명이 짧아 순식간에
사라진다는 사실을 알고 있었으나 그것이 어떤
방식으로 여론의 조명을 받을지는 예상할 수 없었던
탓이다.

　아레나가 성행하던 시기에 쓴 이 책은 폐업을
기점으로 한 시차를 무시하기 어려웠다. 클럽
아레나를 바라보는 관점이 어떻게 변화할 것인지,
아레나를 폐업하게 한 사건들을 얼마만큼 다뤘어야

했는지 판단할 수 없었다. 쓸 당시 조심스럽던
내용들이 어느새 아무렇지 않은 내용이 되기도 했다.

그러나 많은 망설임 끝에 큰 수정 없이 출간을
진행했다. 처음 이 책을 쓰기로 결심했을 때 어떠한
취지와 목적을 떠올렸는지 다시금 되새겼다. 늘
선입견에 기반하고 가십으로 소비되는 유흥 문화를
같은 방식으로 다루는 것이 아니라, 그것의 의미와
맥락을 살피고자 했다는 목적을 되뇌었다.

이 책은 일시적인 호기심과 흥미에 기반하는
가십거리를 경계하며, 언론의 탐사 보도와는 목적을
달리한다.

아레나의 현장성을 구체적으로 기록하기
위해서라도 이 방식은 적합할 것이다. 부분적인
요소에 주목하는 가십이나 비밀은 사실 아레나의
평상시 모습과 꽤나 차이가 있기 때문이다.

클럽 아레나가 갖는 독특한 특징은 으레 불법을
저지르던 사람들에게서가 아니라 그들과 관련 없던
일반인으로부터 나타난다.

클럽이 많은 불법이 자행되는 공간이기는 하나,
불법적인 사건에 초점을 맞추고 나면 실질적으로
클럽이라는 현상을 만드는 데 일정한 역할을 한
수많은 일반인들을 배제할 수밖에 없다. 사회의
일반적인 범주에 속해 있다가 클럽에 갔다는
이유만으로 다른 모습을 보이는 사람들 말이다.
일상과 전혀 다른 모습으로 변신하는 사람들,

입장하기 위해 입장 기준을 알아보는 사람들, 잘 알지 못해도 가타부타 판단하는 사람들 등.

아레나가 언젠가부터 그곳을 찾는 사람들뿐 아니라 찾지 않은 곳곳의 사람들 또한 궁금해 하고 의견을 던지는 장소가 되었다는 것도 자못 흥미로운 사실이다. 아레나는 참여자들의 물리적, 기호적 장소를 넘어 일상에서 또한 상징적 장소로 거듭났다.

일탈 공간이 일상과 분리된 것이 아니라 연속되는 것이라면, 일상에서 불거지는 문제에 대해 시사점 또한 던질 수 있다고 생각했다. 예컨대 남녀문제나 외모지상주의처럼 사회적 문제로 다뤄지지만 도무지 해결되지 않는 문제에 대해 말이다.

예민한 문제일수록 말해선 안 되는 것, 말할 수 없는 것이 많기 마련이다. 그러한 터부로 인해 사회에서는 논의를 진전시키기보다 편 가르기에 급급한데, 이에 아랑곳하지 않고 놀이를 즐기는 사람들에게서 어쩌면 논의의 실마리를 찾을 수 있을 것이다.

외모지상주의를 비판하는 동시에 제 외모가 클럽에 입장 가능한지를 궁금해 하고, 남녀 갈등이 깊어지는 가운데 서로의 인정을 갈구하는 모습은 논의와 실제 간 간극을 보여주는 대목이기도 하다. 클럽에 있는 사람들 또한 몇 시간 지나면 결국 같은 사회를 살아가고 같은 터부를 따르는 사람들이다.

아레나에서 발견한 여러 일탈 행위를 일상에서 목격하기도 했다. 자신이 돈을 썼다는 이유만으로 돈을 쓰지 않은 사람들에게 '갑질'하고, 어떻게든 인정을 받고 싶어 하며, 틈만 나면 제 위계를 통해 남들에게 추근대는 일들은 결코 낯설지 않다.

흔히 사람들은 클럽을 배격하고 타자화하지만, 일련의 행동들은 단지 일탈 공간에 국한하지 않고 다양한 방식으로 일상에서도 존재한다는 것을 마주하곤 했다. 이 책은 아레나에 대한 이야기를 담고 있지만, 어떤 면에선 아레나에 대한 얘깃거리가 일상으로도 확장되길 바랐다.

처음 이 책을 구상한 것은 흥미와 호기심이 계기였으나, 여기에서 사회와 밀접한 여러 이슈를 떠올리고 찾아볼 수 있었다. 수많은 사람들이 모여 극단적인 행동양식을 보여주는 곳으로서, 클럽 아레나에 관한 이야기는 일상을 다른 관점에서 생각해볼 수 있는 소재로 나아가길 바랐다.

유흥 공간은 역사적으로 늘 존재해왔지만, 각 시기마다 강조되는 터부와 요구되는 욕망에 따라 조금씩 성격을 달리해왔다. 그렇다면 클럽 아레나는 몇 년 동안 유별난 인기를 누린 유흥 공간으로서 작금의 한국 사회를 어느 정도 설명해주는 장소일 수 있지 않을까?

수많은 가치 충돌과 갈등이 잇따르는 오늘날 한국에서 이러한 예외적인 공간이 시사하는 바가

있다고 생각한다. 클럽 아레나가 사라지고 또 다른
클럽이 그 역할을 대신할 때, 그곳에서 반복되는
공통점과 변화하는 차이점을 찾아보는 것 역시
도움이 될 것이다.

클럽 아레나 풍경

클럽 아레나
2019년 4월 4일 1판 1쇄 발행

지은이   최나욱
펴낸이   박래선
펴낸곳   에이도스출판사
         출판신고 제2018-000083호
         주소 서울시 마포구 잔다리로 33 회산빌딩 402호
         전화 02-355-3191
         팩스 02-989-3191
         이메일 eidospub.co@gmail.com
         페이스북 facebook.com/eidospublishing
         인스타그램 instagram.com/eidos_book
         블로그 https://eidospub.blog.me

  표지   김정연

         ISBN 979-11-85415-28-4 03300

이 도서의 국립중앙도서관 출판예정도서목록(CIP)은
서지정보유통지원시스템 홈페이지(http://seoji.nl.go.kr)와
국가자료종합목록시스템(http://www.nl.go.kr/kolisnet)에서
이용하실 수 있습니다. (CIP제어번호 : CIP2019009076)